Criptovalute

50X – 100X – 1000X: Domina il mondo della Blockchain nel decennio 2020-2030.

BONUS: Analisi delle migliori cripto ancora sconosciute ad altissimo potenziale per i prossimi 10 anni

Flavio Simeri

INDICE

INTRODUZIONE

Il bitcoin, con la ***b*** minuscola, è un protocollo fiduciario.

La sua applicazione minimale è la moneta digitale e funziona come lo scambiarsi le banconote, senza però presentarsi necessariamente di persona poiché lo scambio avviene tra dispositivi elettronici.

Una domanda interessante è "*Quant'è* potente questa tecnologia?"

Per rispondere bisogna fare una considerazione: con poco più del semplice computer di casa si potrebbe gestire il volume di transazioni dei colossi delle carte di credito.

Le parti fondamentali dell'argomento si distribuiscono nel seguente ordine:

1. ***Funzionamento generico, per avere una visione dell'insieme;***
2. ***Moneta, sistemi di numerazione e calcolo combinato;***
3. ***Computer, hardware, reti, bios e sistema operativo.***

A seguito verranno illustrate nozioni di:

1. ***Hashing, crittografia e firma digitale.***

I temi che si affronteranno sono complessi e non è necessario conoscerli per mandare o ricevere bitcoin, sono invece fondamentali per capire ed utilizzare correttamente questa valuta.

Dunque affrontare l'argomento senza queste basi porterebbe a dover fare esempi infantili, che altro non fanno se non aumentare la confusione e l'incomprensione del protocollo.

Perciò una volta assodati questi concetti si potrà procedere a parlare di bitcoin e dunque di:

1. ***Seed;***

Portafogli;
Transazioni;
Blockchain;

Mining.

In fine si argomenteranno:

Tipologie di attacchi e sicurezza informatica;
Sicurezza dei dati;
Tenere al sicuro i propri bitcoin;
Portafogli;
Transazioni;
Cold storage;
Monete alternative.

CAPITOLO 1

NOZIONI GENERICHE – Il network Bitcoin

Il network bitcoin è formato da nodi casualmente interconnessi tra di loro, che condividono lo stesso registro pubblico.

Questo registro pubblico, o **Ledger**, contiene tutti i Bitcoin in circolazione e la loro appartenenza, sotto lo pseudonimo numerico detto **indirizzo**.

Perciò ad ogni indirizzo corrispondono i bitcoin ad esso associati.

NOZIONI GENERICHE – Le transazioni

Esempio di transazione: *A* vuole inviare a *B* 5BTC.

Per farlo *A* genera una transazione nella quale dichiara che *B* è il nuovo proprietario dei 5BTC e la firma (un po' come se stesse facendo un assegno).

In seguito comunica la transazione alla rete e il nodo che la riceve, una volta validata, aggiorna la propria copia del registro indicando *B* come nuovo proprietario e comunica a tutti gli altri nodi la stessa transazione, che a loro volta seguiranno la stessa procedura.

Nel tempo di un millesimo di secondo, la transazione si sarà già propagata per tutta la rete, nella quale adesso *B* è il nuovo proprietario dei 5BTC.

NOZIONI GENERICHE – La firma digitale

Per capire se una transazione è originale, il nodo si avvale della verifica della **firma digitale**.

Si tratta di un codice numerico univoco per ogni transazione, che può essere generato solamente dal legittimo proprietario.

Questo codice non è contraffabile o modificabile e non può essere copiato per essere successivamente utilizzato per un'altra transazione, perché è, appunto, differente per ognuna.

Il codice non può essere neanche hackerato dal nodo, che si limita solo a verificarne la validità in corso.

NOZIONI GENERICHE – Il trustless

Supponendo che vi fosse un **nodo malevolo**, che trasmettesse una transazione fasulla, questa verrebbe scartata dai nodi adiacenti.

Dunque non c'è da avere particolari preoccupazioni che azioni di questo tipo possano andare a nuocere qualcuno all'interno della rete.

NOZIONI GENERICHE – Il problema dei generali bizantini

Nonostante la presenza della firma digitale, essa da sola non è sufficiente.

Perché il nodo possa verificare la transazione, indifferentemente dalla dichiarazione di chi la effettua, necessita dello storico di tutte le transazioni precedenti.

Queste informazioni sono reperibili all'interno del **registro pubblico**, che contiene la storia di ogni bitcoin sin dalla sua coniatura al presente.

Affinché il sistema funzioni, il registro dovrebbe essere uguale su ogni nodo, difatti non è sufficiente che sia simile o che i conti tornino.

Purtroppo ciò non può sempre accadere, basti pensare alla dislocazione geografica, poiché un nodo può vedere un'avvenuta transazione prima di un altro e comunicarla in tempi differenti. Oppure un altro caso potrebbe essere quello in cui un nodo, per un particolare motivo, si rifiuta di inserire una transazione nel registro.

Il registro è infatti un **database distribuito** e dunque, per le ragioni elencate prima, non può essere interamente sincronizzato.

Questo problema è noto come **il problema dei generali bizantini**:

> Due generali devono attaccare la stessa città, se attaccano simultaneamente vincono, se attaccano in momenti diversi perdono.
>
> Per agire insieme dunque, inviano un messaggero cadauno per comunicarsi la strategia.
>
> Il primo generale invia il messaggero dicendo che l'attacco sarà fatto alle 3, il messaggero parte ma il generale non sa se il messaggio è arrivato.
>
> Il secondo generale riceve il messaggio e risponde confermando l'orario, ma come è successo alla sua partenza dal primo generale, il secondo non sa se il messaggio è arrivato.
>
> Questo è un problema che va avanti all'infinito e non ha soluzione.

NOZIONI GENERICHE – Il mining

Per poter risolvere il problema dei generali bizantini, ritornando alla terminologia appropriata, le transazioni validate non vengono immediatamente scritte nel registro, ma vengono tenute in sospeso in un **blocco**.

Ogni nodo avrà un blocco differente che si costruisce nell'ordine di arrivo delle transazioni.

Per poter registrare dunque queste transazioni, ognuno di essi partecipa ad una **gara di potenza di computazione**, il cui vincitore vedrà appunto scritto il proprio blocco nel registro di tutti i nodi della rete.

Oltre al merito della scrittura nel registro, il nodo riceverà un **premio** che consiste nella coniatura di nuove monete e tasse di transazione, coinbase e fee.

Una volta ricevuto il blocco da parte del nodo vincitore, si riparte con una nuova gara di potenza computazionale.

In questo consiste il processo del **mining**.

NOZIONI GENERICHE – La Blockchain

Lo scopo della gara è quello di sorteggiare il blocco che aggiornerà per prossimo il registro pubblico.

Questo è necessario per evitare che un nodo malevolo, sapendo magari di essere il prossimo ad aggiornare il registro, se ne approfitti.

La soluzione dell'enigma che viene chiesto di risolvere dipende dal blocco stesso e dal blocco precedente, che dipenderà a sua volta da quello ancora precedente.

La soluzione dell'enigma convaliderà dunque **il blocco stesso e tutte le sue versioni precedenti**, creando una catena di blocchi chiamata **blockchain**.

NOZIONI GENERICHE – L'immutabilità

Nell'ipotesi in cui si volesse modificare un blocco, si dovrebbe risolvere un nuovo enigma, per poi vedere il blocco modificato e validato dalla rete.

Se invece si volesse modificare un nodo nel passato, si dovrebbero andare a calcolare tutti gli enigmi intermedi.

Un ottimo esempio per descrivere questa tipologia di gara è il **gioco della tombola**:

> Si è in possesso di un certo numero di schede, in una sala piena di altri giocatori.
>
> Per essere vicini alla vincita si dovrebbero acquistare un numero di schede maggiore di quello di tutti i partecipanti al gioco.
>
> Allo stesso modo se si vuol essere vicini alla vincita di una gara, bisogna avere una potenza computazionale superiore a quella di tutti gli altri nodi della rete.

Risulta dunque molto difficile e molto poco probabile che si possa modificare un blocco di una certa anzianità, poiché una potenza computazionale come quella descritta in precedenza richiede un **altissimo costo energetico**, il che per la modifica di un blocco di questa tipologia significherebbe utilizzare tanta energia quanto tutti gli altri nodi della rete ne avevano spesa in precedenza.

Questo concetto di impossibilità di mutamento di un blocco anziano, viene espresso come **immutabilità**.

CAPITOLO 2

NOZIONI PRELIMINARI – La moneta

"La moneta vale quello che ci puoi comprare".

Questa è la citazione generalmente più diffusa sui libri di economia.

In passato era l'oro la moneta per eccellenza rispetto a tante altre monete, perché rara e non deperibile nel tempo.

Ad oggi la maggioranza è molto titubante sulla valuta virtuale, in quanto non sembra *ad occhio nudo* essere valutabile in oro, ma non lo è tanto quanto non lo sono i soldi depositati su un conto in banca.

NOZIONI PRELIMINARI – Sistemi di numerazione

Nel sistema di numerazione a base 10, si hanno a disposizione 10 simboli per esprimere una determinata quantità da 0 a 9.

Una volta finiti i simboli a disposizione si mette un 1 nella colonna delle decine ed uno 0 nella colonna della unità e si continua a contare 10, 11, 12, 13...

Ma ci sono altri modi e altre **basi numeriche** per contare, secondo gli esempi:

> Nella supposizione in cui si avessero a disposizione solamente 7 simboli, la numerazione andrebbe comunque continuata alla stessa maniera: 6, 7, 10, 11, 12, 13... dove il numero 10 rappresenterebbe 8 unità.
>
> Se si utilizzasse il sistema gallico, contando sulle dita sia delle mani che dei piedi, si avrebbe una base di 20 unità.
>
> Se si contasse come un detenuto, si utilizzerebbe una base di 5 unità: I, II, III, IIII, ~~IIII~~...
>
> Se si fosse un informatico, il sistema numerico più adatto sarebbe quello binario, dove sono disponibili solo i numeri 1 e 0: 0, 1, 10, 11, 100, 101, 110...
>
> Esiste inoltre il sistema esadecimale, per il quale la base è formata dalla parte numerica di 9 cifre, dopodiché si adottano le lettere in ordine alfabetico dalla A (che corrisponde al numero 10) alla F (che corrisponde al numero 16).
>
> Quest'ultima base permette di semplificare un numero binario, che può essere molto grande, e scriverlo dunque in maniera più compatta.

L'importanza di questa diversificazione di basi numeriche è la loro corrispondenza, poiché si è certi che se non se ne comprende immediatamente uno, si può convertire ad un altro di più semplice comprensione.

La matematica è difatti applicabile allo stesso modo per ogni tipo di sistema di numerazione.

Esempio per i sistemi numerici: Il numero 254.

254 – corrisponde a 2 centinaia, 5 decine e 4 unità;

254 – corrisponde a $2 \times 100 + 5 \times 10 + 4 \times 1$;

254 – corrisponde a $2 \times 10^2 + 5 \times 10^1 + 4 \times 10^0$;

Per poter comprendere questa equivalenza tra i sistemi bisogna ricordare alcune semplici regole matematiche:

$$10^3 = 10 \times 10 \times 10 = 1000$$

$$10^3 = 10 \times 3 = 30$$

PRECEDENZA OPERATORI ^ PRIMA DI x

OGNI NUMERO N^0=1

Dunque la regola generalizzata è [cifra] x [base] ^ [posizione].

Per esempio il numero 12 in base 8 viene scritto 14, in base esadecimale è C e in base binaria è 1100.

Applicando la regola generalizzata, si possono osservare i passaggi di calcolo:

Base 10: $1 \times 10^1 + 2 \times 10^0 = 10 + 2 = 12$;

Base 8: $1 \times 8^1 + 4 \times 8^0 = 8 + 4 = 12$;

Base 16: C=12;

Base 2: $1 \times 2^3 + 1 \times 2^2 + 0 \times 2^1 + 0 \times 2^0 = 8 + 4 + 0 + 0 = 12$.

NOZIONI PRELIMINARI – Calcolo combinatorio

Avendo a disposizione 3 cifre e 10 simboli, qual è la probabilità che venga sorteggiato il numero 412?

Per prima cosa si selezionano tutti i numeri da 0 a 999, che compresi gli stessi, danno 1000 combinazioni nelle quali il numero 412 capita una volta sola.

Quindi la probabilità è di 1 su 1000.

$$\frac{\text{vittoria}}{\text{combinazioni}} = \frac{1}{1000} = \frac{1}{10^3}$$

Tirare a sorte infatti significa non prediligere un numero rispetto agli altri nella probabilità che capiti quello che si è scelto, in questo caso il 412 con una probabilità così minima.

Si pensi ad un dado che ha una facciata più spessa delle altre e che quindi tende a mostrare più frequentemente un certo numero, perché è appunto truccato.

In questo caso la formula non sarebbe più valida.

L'esempio analogo nel sistema binario si ha avendo a disposizione 2 simboli (0, 1) e 4 caselle; qual è la probabilità che (lanciando una moneta) di ottenere il numero 11, ovvero la sequenza 1011 quindi la moneta TCTT (T=TESTA; C=CROCE)?

Vi sono 16 combinazioni possibili e 1 combinazione esatta.

Dunque la probabilità è di

$$\frac{\text{vittoria}}{\text{combinazioni}} = \frac{1}{16} = \frac{1}{2^4}$$

Ogni lancio della moneta può dare come risultato sia testa che croce, quindi sia 1 che 0, e su infiniti lanci si avranno sempre 50% testa e 50% croce, il che rappresenta la moneta perfetta.

Se si volesse stabilire la formula generica dei numeri di combinazioni possibili basterebbe usare N^K dove N= elementi a disposizione e K= quante volte si ripetono.

Ma la crescita esponenziale che avviene grazie a questa formula rende quasi impossibile trovare il numero esatto senza fare tantissimi tentativi.

Perciò va inteso come matematicamente impossibile perché è estremamente improbabile che accada, ma se si provasse a contare da 1 per arrivare a trovare un certo numero, bisognerebbe fare il seguente esempio:

> Si suppone di avere un computer che effettua 100.000 operazioni al secondo e gli si chiede di trovare un numero molto famoso in BTC, 2^{256}.
>
> Le prime 6 cifre di questo numero verranno trovate in pochi secondi, 12 cifre in 10 giorni, 18 cifre in 32.000 anni.

Osservando l'esempio si può comprendere dunque che 1 su 1000 ha anche un'altra interpretazione: si dovrà tentare mediamente 1000 volte per vincerne 1.

Nonostante possa esserci la fortuna di vincere la prima volta o la seconda, mediamente la vittoria è data da questo calcolo.

> Le probabilità nel superenalotto devono essere viste con lo stesso metodo, la probabilità di vincere viene data da una serie di numerose giocate prima di trovare la sequenza numerica giusta e vincente.
>
> La vittoria di 1 persona ogni 3 o 4 mesi è appunto dovuta dal numero di giocate complessive, del vincitore e del resto delle persone.

In bitcoin, nelle gare di potenza computazionale, il fatto che venga trovata la soluzione ad un enigma ogni 10 minuti dipende dalla potenza computazionale e dall'attività di tutta la rete, non solo del vincitore.

NOZIONI PRELIMINARI – I prefissi

Nel sistema internazionale 5.000 metri possono essere scritti come 5x1000 metri.

1.000 corrisponde al simbolo K (chilo), dunque k=1.000. Dunque 5 x k metri = 5km.

Se invece si trovassero scritte con la "i" significherebbe che è stata utilizzata una base di 2 e non di 10.

CAPITOLO 3

NOZIONI PRELIMINARI – Le componenti del computer

La memoria permanente, è detta anche disco rigido o hard disk.

Il suo funzionamento è dato dalla presenza di due piatti circolari che girano, sopra di essi viene posizionata una testina grazie all'azione di un braccio meccanico e magnetizza (in un verso o in quello opposto per rappresentare le informazioni) rispettivamente 0 ed 1.

Quando viene caricato un file, il computer ha un indice dove segna dove è stato memorizzato per cui esso posiziona la testina in modo da renderne possibile l'identificazione e la seguente lettura.

Un'altra tipologia di memoria è **la memoria volatile ad alta velocità,** o memoria **RAM**.

Si prenda il caso di un cip molto semplice per capirne il funzionamento:

> Si vuole scrivere un dato in questa memoria.
>
> Per prima cosa si seleziona la cella, per esempio la numero 12 che corrisponde ad un pin, e vi si inserisce il dato in sequenza binaria.
>
> In seguito si dà tensione al pin e il cip si andrà a posizionare nella cella selezionata scrivendo appunto il dato scelto.

La scheda madre, è sempre una tipologia di memoria, e non fa altro che collegare fisicamente i componenti tra di loro: connettori e funzioni.

Nelle schede più moderne, vi sono integrate le schede rete e audio.

La sua caratteristica principale è la presenza di una matassa di fili, facilmente individuabile, che si dice **bus**.

Esempio di funzionamento: low-level

Quando si fa doppio click sull'eseguibile, il sistema operativo va a ricercare questo file nell'hard disk e ne fa una copia nella RAM.

A quel punto indica al processore che il programma inizia in un certo punto e che si può cominciare a leggere.

Il programma non è altro che una lista di funzioni che il processore deve eseguire.

Dopo l'arrivo dell'ordine di sommare i dati, questo andrà nella RAM per prendere i dati, mettere i dati al circuito sommatore, accendere e il circuito sommatore svolgerà la somma seguendo ovviamente il sistema binario.

Né il processore né il circuito sommatore sanno di svolgere una somma.

Il risultato dell'operazione è la somma, ma questo lo sa chi ha dato l'ordine.

A questo punto bisogna trasmettere il dato, quindi il processore prenderà il risultato dell'operazione, utilizzerà il bus per trasmetterlo alla scheda rete e gli impartirà l'ordine di trasmettere il dato.

Di seguito la scheda rete comincerà la trasmissione dei segnali sul cavo.

Il processore non ha una sua intelligenza, perché all'interno contiene solo circuiti elementari che svolgono operazioni di base come somma e sottrazione o confronto.

Ovviamente ciò può variare e in alcuni computer vi possono essere processori più specializzati e capaci di svolgere operazioni più complesse o in parallelo che rende la potenza computazionale maggiore.

Per questo motivo vi sono anche i multiprocessori, detti **multicore**, contenuti all'interno di un solo processore.

Chip, set, north bridge e south bridge sono altri componenti del computer, che possono svolgere alcune funzioni solitamente delegate al processore, in modo da velocizzare il tempo di azione.

Per migliorare le prestazioni, viene dunque riempito un buffer e delegato (per esempio il south bridge) al trasferimento dati su una pennina, motivo per il quale è sempre consigliata la rimozione sicura dato che interroga l'hardware dello status di avanzamento di un'operazione, in modo da non interromperla tirando via la pennina.

La batteria di ponticelli, o **jumper**, serve per abilitare una serie di operazione inserendo un connettore tra di essi.

NOZIONI PRELIMINARI – Il Bios

Il compito del **bios** è quello di occuparsi della **fase boot**.

Dopo l'accensione del dispositivo, esso è il primo a iniziare a lavorare, facendo una scansione di tuti i componenti collegati al computer e impostando vari parametri.

Si può definire come un piccolo sistema operativo che svolge alcune funzioni elementari.

Finite le operazioni iniziali, il bios cerca **l'hard disk** e lo copia nella RAM, dicendo al processore di avviare il programma del sistema operativo, rimanendo poi in disparte per tutte le altre operazioni.

La prima schermata che si vede all'accensione è quella del bios, che si compone da tutte le indicazioni sui tasti da premere per poter accedere alle impostazioni.

Bisogna però essere molto veloci nel leggerle e nel premere tali tasti.

Se si aprono le impostazioni, solitamente si possono osservare tutte le impostazioni di fabbrica dello stesso hardware.

Le due scelte più importanti che le impostazioni possono chiedere di fare sono: 1) il sistema operativo da eseguire e 2) la scelta di una password avviando il secure boot.

La scelta più consapevole è quella di non modificare le impostazioni del processore, a meno che non si tratti delle due citate in precedenza, perché la sua presenza odierna rappresenta lo scarto di molteplici processori fino al corretto e veloce funzionamento.

Ad oggi, grazie al mercato, i processori non sono più scartabili in questo modo, ma in base alla loro velocità vengono venduti a prezzi più alti o più bassi.

Per questo motivo non è necessario modificare i valori di fabbrica, ma bisogna consideralí anche già massimi per un uso comune.

Lo scopo del sistema operativo è quello di facilitare le azioni come:

- Il tasto destro del mouse: si apre un menu di opzioni per la schermata principale.
- Il tasto sinistro: seleziona un elemento.
- Tasto destro di nuovo: menu di opzioni per l'elemento selezionato.

- Il doppio click sinistro: attivazione della prima voce disponibile del menu.
- Spostare il cursore su una sezione dell'elemento selezionato: il cursore cambia forma per indicare che l'azione che svolgerà sarà di ridimensionare la vista dell'elemento.
- Se si sposta l'elemento fino al margine destro/sinistro della schermata: l'elemento si adatta del 50% alla grandezza della schermata dal lato in cui è stato trascinato.
- Il doppio click sulla barra superiore di un elemento, o l'apposita icona: ingrandire o ridurre l'elemento sulla schermata.
- Le cartelle HOME, sono le cartelle detenute dall'utente del sistema.

Si trovano nella schermata oppure nel menu a lato della schermata principale.

Si possono creare delle sotto cartelle, si possono rinominare e si possono decorare a proprio piacimento.

- Le cartelle sono sempre elementi (anche se a loro volta ne contengono), per i quali bisogna considerare tutte le precedenti azioni possibili citate prima.
- Dall'interno delle cartelle si possono spostare gli elementi o si possono ricevere, trascinandoli o utilizzando l'opzione COPIA + INCOLLA.

Gli elementi identici si possono sostituire o conservare insieme.

- Per la cancellazione dei file, bisogna selezionarli con il tasto sinistro, poi click sul tasto sinistro e scegliere l'opzione: SPOSTA NEL CESTINO.

Da quest'ultimo possono essere poi cancellate definitivamente.

- La schermata principale può essere modificata a proprio piacimento: lo sfondo, le cartelle, il colore.

Inoltre dalle impostazioni si può modificare la velocità del cursore e il layout della tastiera, utile anche nella scrittura in lingue differenti dalla propria e nei calcoli matematici.

- Bisogna ricordare che il doppio click su un file ne consente l'apertura, ma se il file è un programma, quest'azione indicherà al sistema di eseguire un codice e dunque di aprire il programma.

A quest'ultimo verrà però impedito di frugare nei dati dei computer grazie ad una barriera.

CAPITOLO 4

NOZIONI PRELIMINARI – Hashing

Quando si invia un messaggio, non si può sapere se il ricevente abbia ricevuto lo stesso messaggio.

Per ovviare a questo problema, si utilizza il **codice di controllo**, da inserire in fondo al messaggio.

Quest'ultimo verrà utilizzato dal mittente per garantire che il messaggio sia integro.

Questo concetto viene espresso con il termine di **integrità.**

Per eseguire il **controllo di parità,** bisogna per prima cosa avere appunto un codice di controllo che è formato da una serie numerica di 1 e 0.

Si contano i numeri, che se corrispondono a 1 sono dispari e a 0 se sono pari.

Il ricevente del messaggio dovrà controllare che la scrittura ricevuta sia pari; qualora fosse dispari, si tratterebbe di un errore di trasmissione e dovrebbe richiedere il reinvio del messaggio.

Questo sistema non è estremamente sicuro, difatti riesce semplicemente a prevenire errori casuali su un singolo bit, ma è utile per prevenire errori di scrittura a livello circuitale.

Un altro modo per controllare il corretto arrivo del messaggio è la **somma di controllo.**

Se la somma dei numeri non corrisponde a quella iniziale è riconoscibile l'errore.

Supponendo che si erri nel digitare un numero mentre si verifica l'integrità di un conto, ma il risultato della somma sia comunque corretto, si starebbe di fronte a ciò che viene definito **collisione**.

Il codice di controllo viene dunque utilizzato dal destinatario per verificare che il messaggio ricevuto sia integro.

Ovviamente non si può risalire a ciò che ha generato il codice, tant'è che la sua protezione comprende solo gli errori di digitazione o di distrazione.

Non garantisce dunque l'autenticità del messaggio, ma solo la sua corretta trasmissione nel momento in cui viene comunicato al destinatario tramite un canale sicuro.

Il codice utilizzato da Bitcoin per garantire la sicurezza di trasmissione è **SHA-256 (SECURE HASH ALGORITM)**.

Questo algoritmo prende un testo di una determinata lunghezza e produce un codice di controllo di lunghezza prefissata di 256 bit (1 e 0).

Questo codice è univoco, se venisse generato su un'altra macchina, a parità di messaggio iniziale, comporrebbe lo stesso codice.

Se venisse modificato anche un singolo carattere dal messaggio originale, l'algoritmo produrrebbe un codice di controllo completamente differente.

E' impredicibile il modo in cui verrà composto il prossimo codice; l'unico modo per scoprirlo è quello di ricalcolarlo e vederlo una volta prodotto.

L'algoritmo è studiato per essere resistente alle collisioni, perciò solo calcoli completamente differenti possono finire per generare lo stesso codice.

Una transazione bitcoin è coperta da un codice **hash** completamente casuale di circa 128 cifre 1 e circa 128 cifre 0 (50% e 50%), distribuite in maniera casuale.

Sul codice non hanno influenza le combinazioni precedenti, è nuovo e univoco, ma la probabilità che si possa azzeccare una particolare sequenza (anche se non legata alla stessa transazione) è da calcolare con la formula 2^n.

È proprio così che vengono svolte le gare di potenza computazionale; si crea una sequenza prestabilita e si osserva quanti tentativi si dovranno fare, certamente nel minor tempo possibile, per ottenere la soluzione.

NOZIONI PRELIMINARI – Crittografia

Per parlare di questo argomento occorre utilizzare un esempio.

Esempi di messaggio crittografato:

A deve inviare un messaggio segreto a *B*.

Per inviare il messaggio segreto, *A* dovrà utilizzare un canale non sicuro, quindi questo potrebbe essere intercettato e non sarebbe più un messaggio segreto.

Per mantenere dunque la segretezza, *A* cifra il messaggio rendendolo incomprensibile, *B* sa come decifrare il messaggio e ottiene la dicitura originale di esso.

Viene così garantita la sicurezza anche tramite un canale non sicuro.

Gli spartani avvolgevano un pezzo di cuoio su un bastone di un determinato diametro e

scrivevano il messaggio, a questo punto solo chi era in possesso di un bastone dello stesso diametro era in grado di allineare correttamente le parole e leggere correttamente.

La chiave di cifratura era il diametro del bastone.

Questo metodo non era però del tutto infallibile.

Un altro metodo utilizzato era quello del **cifrario di Cesare**, nel quale la chiave di decifratura è un numero che verrà usato per scorrere o ruotare l'alfabeto.

In questo modo la lettera "a" = 0, la chiave = 3, dunque a+3 = 0+3=d.

A seconda della rotazione, si scopriva il messaggio.

Il più comune era la rotazione 113.

Il cifrario di Vigenerè è la versione migliorata di quello di Cesare, nel quale la chiave è una parola, ed il testo subirà un cambiamento per ogni rotazione, perché si deve riempire la lunghezza di tutto il messaggio che si vuol decifrare.

Per esempio in chiave "aldo" abbiamo il significato della frase "incontriamoci alle 8".

Anche questo metodo è difficile da decifrare, poiché la chiave non è sempre la stessa per ogni messaggio, dato che vi deve corrispondere in lunghezza.

Se si creasse una chiave più lunga del messaggio stesso, sarebbe impossibile decifrarlo.

Quest'ultimo metodo era molto utilizzato nel **cifrario di Vernam**, precisamente dei corpi segreti ai quali veniva fornito un blocco molto piccolo di chiavi univoche per garantire la sicurezza delle comunicazioni.

La sicurezza della crittografia, in qualunque modo voglia essere applicata, è garantita esclusivamente dal fatto che il **mittente** e il **destinatario** sono gli unici a conoscenza della chiave.

Difatti si dovrebbe utilizzare un canale sicuro, come la consegna di persona.

Internet è un canale insicuro, dove la chiave può essere facilmente compromessa.

NOZIONI PRELIMINARI – Crittografia asimmetrica e simmetrica

Per ovviare la poca sicurezza di internet e della sua ben nota diffusione, si crearono due tipologie di chiavi che sarebbero state utilizzate nelle rispettive occasioni:

- La chiave simmetrica, che codifica e decodifica il messaggio.
- La chiave asimmetrica, che consiste in una coppia di chiavi dove una cifra il messaggio, ma solo l'altra lo può decifrare, e viceversa.

NOZIONI PRELIMINARI – Chiave pubblica e privata

Una **chiave privata** è una chiave che verrà tenuta segreta.
Una **chiave pubblica** è una chiave che verrà comunicata al pubblico.

Seguendo dunque l'esempio dell'invio del messaggio citato in precedenza, il mittente invierà il messaggio utilizzando la chiave pubblica mentre solo il destinatario è in possesso della chiave privata che può decifrarlo.

In questo modo, un nemico potrebbe venire a sapere la chiave pubblica o il messaggio, ma non sarebbe in grado di ottenere la chiave privata per decifrarlo.

Grazie all'utilizzo delle chiavi pubbliche e private ad alla loro collaborazione, si ottiene un **canale di comunicazione sicuro**, anche se vi si trova in un canale insicuro.

NOZIONI PRELIMINARI – La ripudiabilità

Un nemico che voglia decifrare un messaggio, sa già che senza la chiave privata non può farlo, perciò egli potrebbe tentare di avvalersene.

Da quel momento la chiave si considera compromessa, perché il nemico può impersonarsi come "Alice" e decifrare tutti i sui messaggi.

È compito del possessore originale di **ripudiare ogni messaggio codificato con la sua chiave privata dopo il furto**, in quanto non gli appartengono.

Non essendovi modi di risalire alla chiave privata da quella pubblica, non si può dunque mai sapere se il messaggio proviene dal diretto proprietario, perciò è necessaria la **conferma di terze parti PKI e CA**, grazie alle quali si possono ricavare certificazioni che autentifichino il proprietario.

NOZIONI PRELIMINARI – L'attacco Man In The Middle

Alla luce di queste informazioni, il nemico potrebbe inviare una chiave pubblica ad un destinatario, spacciandola per quella del legittimo proprietario.

Se chi ha ricevuto la chiave compromessa del nemico, la utilizza, questo renderebbe possibile la decodifica dei messaggi da parte del destinatario.

Per non destare sospetti dunque, il nemico utilizzerà la chiave pubblica che aveva ottenuto dal proprietario, per inviare il messaggio ricevuto dal destinatario nel codice della vera chiave pubblica.

In questo modo, né il mittente, né il destinatario sapranno che il messaggio è stato letto da terzi prima di arrivare a destinazione.

Un esempio analogo può essere un **privato** che si collega con la propria **banca**:

> Se il nemico provasse ad inviare una chiave fasulla, nel momento in cui si arriva al sito per l'identificazione e dunque dove si inseriranno i dati personali, il sito noterebbe un'anomalia e darebbe un messaggio di allarme per dire che la chiave ricevuta non è di chi dice di possederla.
>
> Per avere la certezza che il sito sia sicuro, bisogna andare a ricercare il **lucchetto verde**, la sua presenza indica che un ente apposito abbia certificato l'appartenenza di quella chiave al proprietario.

NOZIONI PRELIMINARI – La firma digitale

Combinando hashing e crittografia, possiamo ottenere un messaggio che sia al contempo autentico ed integro.

Per farlo si può osservare il seguente esempio:

> *A* prende un messaggio chiaro, vi appone l'hash per assicurarne l'integrità.
>
> A quel punto cifra il messaggio con la chiave privata e lo comunica a *B*.
>
> Quest'ultimo decodifica il messaggio con la chiave pubblica ed è dunque sicuro che il messaggio sia autenticamente provenuto da *A*.
>
> Il destinatario adesso legge il messaggio, ricalcola l'hash per rispondere.

Questa è la **firma digitale**: il risultato della cifratura dell'hash, anche lasciando il testo in chiaro.

> *A* potrebbe tranquillamente inviare un documento su un canale insicuro, l'importante è che abbia utilizzato la firma digitale, dato che qualsiasi modifica renderebbe la firma non valida e ne richiederebbe il ricalcolo.
>
> Soltanto il possessore della chiave privata può generare una firma digitale valida e la rete può solo verificare che sia valida, ma non può alterarla in alcun modo.

Di seguito le **caratteristiche principali** della firma digitale:

- Verificabile da tutti senza comprometterne la chiave privata;
- Garantisce l'integrità e l'autenticità di tutto il documento;
- È univoca;

- L'unico in grado di generarla è il proprietario della chiave privata;
- Viene immediatamente invalidata se vi è anche la minima modifica.

CAPITOLO 5

BITCOIN – Chiavi ed indirizzo

Il meccanismo della chiave pubblica e privata, esaminato in precedenza funziona nel seguente modo:

- La chiave privata è segreta e verrà utilizzata solo per spendere denaro.

È un numero di 256 bit casuale.

- La chiave pubblica può essere data a chiunque ed è utile solo alla ricezione del denaro e per mostrarne la quantità.

Si ricava tramite le curve ellittiche della chiave privata.

Tramite il processo di **double hashing,** la chiave pubblica viene ridotta da 256 bit a 160, generando **l'indirizzo**, che si forma completamente dopo il RIPEMD.

Quest'ultimo fa le veci della chiave pubblica, tant'è che spesso si confondono tra loro.

Il motivo principale dell'hashing è dunque la riduzione di spazio, ma porta con sé un altro beneficio poiché nasconde la chiave pubblica.

Qualora accadesse che un computer riuscisse a risalire dalla chiave pubblica alla chiave privata che l'ha generata, questo dovrebbe affrontare delle barriere in più.

In maniera analoga se vi fosse un errore di programmazione nel portafogli per il quale fosse possibile risalire dalla chiave pubblica alla chiave privata, i possessori dei Bitcoin sarebbero al sicuro perché la chiave pubblica non è del tutto esposta ed essi avrebbero il tempo di correggere il bug e spostare i Bitcoin verso indirizzi più sicuri.

Il prefisso dell'indirizzo serve a specificare il tipo di **wallet**, quest'ultimo è specificato da un bite, due o tre.

La parte centrale invece è l'indirizzo vero e proprio.

La parte finale è un codice di controllo, che serve a minimizzare il rischio di digitazione casuale o di errori.

Difatti inviare Bitcoin ad un indirizzo di cui nessuno ha le chiavi private equivale a perdere quei Bitcoin.

BITCOIN – Hashing e double hashing

La ragione per cui vengono utilizzati due algoritmi di hashing (SHA-256 e RIPEMD) è che sono necessari per prevenire un attacco che di per sé non creerebbe grossi problemi al network Bitcoin, ma potrebbe essere di disturbo o potrebbe generare errori su errori; questo viene denominato il **lenght extension attack**.

Un'altra ragione è che qualora si scoprisse una vulnerabilità su uno degli algoritmi, l'azione dell'altro non verrebbe danneggiata.

Perché si verificasse un problema più grave ci dovrebbero essere delle vulnerabilità su entrambi gli algoritmi.

Passando da un insieme di 256 bit ad uno di 160 bit si avrà che più chiavi private corrisponderanno ad un indirizzo, dunque più chiavi private saranno valide per spendere il denaro di un determinato indirizzo; per l'esattezza 256 chiavi potranno farlo.

Nonostante questa sia una ragionevole preoccupazione, la probabilità di collisione di due chiavi private uguali è trascurabile e molto poco probabile.

Infine l'indirizzo viene codificato in forma facilmente leggibile ed è privo di carattere come 0 e O.

BITCOIN – Cambio di paradigma

In Bitcoin non esiste l'addebito ma **soltanto l'accredito.**

Il possessore della chiave è l'unico in grado di accreditare a un altro indirizzo Bitcoin, mentre quello che si conosce tramite le carte di credito consiste nell'inviare i dati della propria carta ad altri, autorizzandoli così a prelevare dal vostro contro.

Chiunque sia in possesso dei dati di una carta può **prelevare soldi dal conto** collegato in maniera facile e banale.

Ogni volta che si utilizza una carta per un acquisto, essa viene compromessa, perché si lasciano conoscere i dati di quest'ultima ad una nuova persona.

Per la propria sicurezza, non è sufficiente rivolgersi a commercianti onesti; i malintenzionati possono trovare il modo di leggere le loro raccolte dati a loro insaputa e clonare le carte dei clienti.

È molto facile clonare una carta, tant'è che in rete se ne trovano a decine di migliaia in vendita.

Con Bitcoin spariscono tutte le misure di sicurezza ad oggi necessarie per poter utilizzare il circuito finanziario in tranquillità, poiché l'indirizzo può essere utilizzato anche in ambienti non sicuri senza problemi, visto che si in grado solo di ricevere Bitcoin.

Ciò non significa che non vi siano problemi di sicurezza, ma semplicemente essi si spostano dove non c'è preoccupazione se non della sicurezza del proprio dispositivo (che è la mira di tutti i malintenzionati che si vogliono impossessare delle chiavi private).

BITCOIN – Sicurezza della chiave privata

Tutta la sicurezza del Bitcoin si fonda sulla **segretezza della chiave privata** che deve essere custodita gelosamente e non bisogna utilizzare indirizzi di cui non si è sicuri della loro segretezza.

Si dovrebbero utilizzare chiavi generate personalmente.

Un altro **errore comune** potrebbe essere l'importare chiavi private da terzi, senza avere la sicurezza che siano affidabili, poiché a quel punto chiunque potrebbe monitorare le proprie entrate e uscite e attaccare i Bitcoin proprio dal portafoglio in cui sono stati importati.

La miglior soluzione in questo caso è spostare immediatamente i propri Bitcoin in un conto sicuro non appena vengono ricevute nuove chiavi private.

BITCOIN – Cold storage

Avere un dispositivo sicuro è faticoso, ma la semplicità di Bitcoin sta nel fatto di poter svolgere azioni offline senza compromettersi.

Infatti un computer che non è fisicamente collegato a niente, non può essere attaccato.

Per rendere i propri Bitcoin sicuri si può utilizzare il cold storage, dunque un dispositivo non attaccabile, e di volta in volta ricaricare in base alla propria necessità un dispositivo meno sicuro.

BITCOIN – Hardware wallet

Per chi volesse risparmiare tempo nella protezione dei dispositivi, è stato creato **l'hardware wallet** che mette in sicurezza le transazioni:

> Prima di concludere un trasferimento fa sì che venga controllato manualmente l'indirizzo dal proprietario che invia Bitcoin, dopodiché applica la firma digitale.

Ad oggi non esistono virus che premono bottoni, dunque questi dispositivi sono estremamente **sicuri e facili da utilizzare** anche dai meno esperti.

BITCOIN – Prova del possesso

L'errore più comune dei principianti nel campo del Bitcoin è quello di chiedere che gli vengano inviate le chiavi private.

Ovviamente un esperto si rifiuterà, perché come si è detto prima, queste vanno conservate gelosamente e ne va del rischio dei propri Bitcoin.

BITCOIN – Copie di sicurezza

Un altro modo in cui si possono perdere i propri Bitcoin è non avere sufficienti copie di sicurezza delle proprie chiavi.

Perciò se si dovessero smarrire si perderebbero per sempre quei Bitcoin.

Tutti i dispositivi sono soggetti a guasti fisici o di sistema, è inutile farne più copie se poi vengono posizionate tutte sullo stesso hard disk, che si può danneggiare.

La miglior soluzione sta nel cifrare i propri files e dislocarli geograficamente, in caso di perdita o danneggiamento di uno si ha sempre la possibilità di recuperare i dati da un altro.

L'importante è avere sempre un modo di ri-accedere ai propri dati.

BITCOIN – Il wallet

Il portafoglio, o **wallet**, si occupa della gestione delle chiavi private e di tutte le operazioni di transazione di Bitcoin.

Spesso erroneamente si crede che i Bitcoin vengano inviati da un dispositivo ad un altro, in realtà essi si trovano nella Blockchain dove è indicato l'indirizzo di appartenenza.

Il wallet **non contiene i Bitcoin,** ma contiene le chiavi che permettono che questi vengano spesi. Si potrebbe definire più come un **portachiavi.**

Esso tiene traccia della contabilità dei Bitcoin e degli indirizzi associati, come già detto, ma bisogna ricordare che la spesa avviene firmando una transazione in cui si cambia il proprietario dei Bitcoin; gli stessi Bitcoin appunto non vengono inviati ma cambiano di appartenenza. L'avvenuta transazione sarà valida solo dopo la comunicazione e la verifica della rete dei nodi.

Il wallet non deve necessariamente essere un nodo e appoggiarsi ad un'intera Blockchain.

Può anche limitarsi ad una quantità parziale di dati di proprio interesse.

Questo processo permette ai cellulari e ai computer di operare con un basso consumo di banda e batteria.

Appoggiandosi ad altri nodi, bisogna avere la certezza che essi trasmettono dati corretti, infatti se un nodo malevolo dovesse intervenire, la sua frode verrebbe presto scoperta grazie al fatto che il wallet si collega a nodi casuali simultaneamente.

Per essere veramente in pericolo, dovrebbe appoggiarsi simultaneamente a nodi malevoli in accordo tra loro, dove però basterebbe un solo dato differente per far saltare l'inganno, questo tipo di attacco simultaneo viene chiamato **Sybil attack.**

I primi wallet utilizzavano soltanto una chiave privata di un solo indirizzo o poco più di uno.

Si pose però presto il problema della riservatezza:

> Dal momento in cui si paga qualcuno, la persona che viene in possesso dei Bitcoin risalirebbe dall'indirizzo direttamente a tutte le sue transazioni.

Per questa ragione il Bitcoin è **pseudo-anonimo**, poiché al momento di una spesa si viene a sapere chi è il proprietario.

Il **problema della privacy** implica il fatto che i colossi finanziari potrebbero in poco tempo risalire a nome, cognome e transazioni di chiunque; la risoluzione a ciò sta nell'utilizzare un nuovo **indirizzo usa e getta** per ogni transazione.

In questa maniera si garantisce un alto livello di anonimato e di riservatezza.

In maniera analoga, si nasconde la chiave pubblica, perché al momento della sua pubblicazione il denaro è già stato speso.

Il primo tentativo è stato quello di creare dei blocchi di indirizzi da utilizzare, ma molte volte le persone dimenticavano di fare il backup o lo facevano per una sola chiave, altre, quando rigeneravano il blocco non salvavano quello precedente e perdevano tutte le chiavi.

Il risultato di queste esperienze fu la creazione del wallet che genera chiavi grazie ad un algoritmo che necessita di un numero di partenza detto **seed**.

Via via a questo numero di partenza si potevano aggiungere numeri progressivi oppure si utilizzava un seed di 12 o 24 parole.

Le **12 parole** vengono scelte a caso da un dizionario e la 13sima parola viene detta checksum.

È facile da memorizzare e raramente si fanno errori di digitazione.

Grazie a questo metodo, per risalire o fare il backup delle proprie chiavi bisognerà semplicemente ricordare il seed.

Non c'è rischio che una persona esterna riesca a risalire da un indirizzo o da vari indirizzi ad un seed privato, né si può capire che certe chiavi e indirizzi provengono dallo stesso seed.

Nel caso si volessero recuperare le 12 o 24 parole del seed bisogna affidare il calcolo ad un computer di:

> 12! = 12x11x10...x1 = 480 milioni circa – non è necessario conoscere l'ordine

24! = 620448401733239439360000 – è indispensabile conoscere l'ordine, altrimenti sono irrecuperabili.

La **password del wallet** serve a cifrare il file che contiene il seed.

Bisogna ricordare che il wallet per poter operare, necessita del seed e delle chiavi private. Dunque essa impedisce ad altri programmi di leggere il file del seed o di comprometterlo.

Difronte ai programmi bisogna cercare di proteggere in qualsivoglia modo l'accesso al proprio wallet poiché un programma malevolo altro non aspetta che la digitazione della password, quest'ultima gli permetterà di accedere alle chiavi e al seed.

Un caso curioso è quello dei **wallet multisignature,** in quanto è possibile gestire collettivamente un indirizzo Bitcoin e dunque permetterne la spesa, ma solo con un determinato numero di firme e autorizzazioni.

BITCOIN – Le transazioni

Quando si firma una transazione, si dichiara una persona nuovo proprietario della moneta.

In seguito, essa viene comunicata alla rete ed inizia la propagazione.

I nodi, infine, la conservano nella **mempool**, ovvero nella RAM, in attesa di essere inserita nel prossimo blocco.

Da questo momento in poi la transazione si può considerare irreversibile, poiché prima o poi un nodo la inserirà nel blocco ed entrerà a far parte della Blockchain, divenendo così immutabile.

Non è detto che tutto ciò avvenga, perché un nodo può non aver ricevuto la comunicazione oppure può decidere di non inserirla nel blocco.

Il **problema della doppia** spesa consiste nel fatto che un truffatore con un conto in banca di soli mille dollari, decide di staccare numerosi assegni da mille dollari, consapevole di non averli.

Se egli si reca da un commerciante chiedendo di verificare la presenza dei soldi sul conto del truffatore, la banca ovviamente, vedendo i soldi sul conto, risponderà che il credito è sufficiente per la spesa.

Il truffatore ripete l'azione più volte, il risultato di quest'azione è che l'unica persona che riceverà i soldi è il primo commerciante dal quale si era recato in principio.

Questo problema si verifica in maniera analoga nel **network Bitcoin**, soltanto che si presenta non come la spesa ripetuta, ovvero la comunicazione di transazione ripetuta, presso lo stesso nodo, ma piuttosto significa che vengono inviate doppie spese a più nodi, creando una discrepanza nella rete su chi debba ricevere questi soldi.

Non è escluso che si verifichino transizioni verso sé stessi.

Il mining pone fine a questo problema: sorteggia casualmente il blocco di invio della transazione, questa passa e viene registrata, mentre qualsiasi altro tentativo di riprodurla viene annullato.

Per le transazioni si utilizza la partita doppia, seguendo l'esempio:

Una persona per effettuare una transazione deve prima d tutto essere validata come proprietaria legittima della somma che intende spendere o di una somma maggiore. Indicherà il nuovo proprietario.

In fine il risultato della transazione deve essere a somma zero.

Se si inviano Bitcoin dai quali avanza la somma, dopo aver aggiunto anche le tasse di transazione, questi torneranno nel conto di appartenenza iniziale.

È importante tenere conto del fatto che tutto ciò che non viene speso, finisce per essere parte della tassa di transazione e le transazioni a tasso 0 vengono rifiutate.

I nodi, come già sancito in precedenza possono rifiutare una transazione, perché possono avere una soglia minima di tasso da pagare per essa.

I Bitcoin **di resto** vengono inviati ad un indirizzo detto **change address** di proprietà del mittente della transazione.

Ovviamente il resto è generato nuovamente per ogni resto, per aumentare la riservatezza.

Il metodo della partita doppia serve proprio a tracciare ogni Bitcoin dalla coniatura all'ultimo utilizzatore:

Ciò che entra da una parte, deve essere automaticamente uscito dall'altra.

Un input di una transazione deve quindi essere necessariamente l'output della transazione precedente.

Si segue una catena di transazioni, che può essere a distribuzione (da un indirizzo si distribuiscono Bitcoin) o a raggruppamento (da tanti indirizzi si invia ad un solo indirizzo).

Una transazione può essere fatta anche offline e da chiunque abbia i dati necessari a farla, tuttavia può essere validata solamente dalla firma del proprietario della chiave privata dei Bitcoin in questione.

È importante ricordare che la transazione non è avvenuta finché non viene comunicata ad un nodo e alla rete.

Dopo l'avvenuta transazione, segue dunque la propagazione di essa con le varie dichiarazioni da parte del proprietario.

Indifferentemente dal fatto che si sia imbattuta in nodi malevoli, essa non può essere variata in alcun modo.

La peculiarità del sistema dei nodi sta proprio nella sua distribuzione, in quanto se qualcuno volesse arrecare disturbi o rallentamenti, verrebbe fermato in diversi punti da moltissimi nodi che filtrerebbero i suoi attacchi.

Mentre, se il sistema fosse centralizzato, si verificherebbe un sovraccarico di lavoro su un unico server che inizierebbe a dare errori e ad essere più esposto ai pericoli.

Un attacco come quelli sopracitati viene chiamato **DOS**, banalmente significa buttare giù il computer.

Se l'attacco si verifica da più punti su un solo nodo, esso viene chiamata **DDOS**.

Il Bitcoin è sempre resistente a questi attacchi, nessuno li può cancellare in qualsiasi modo.

È bene attendere sempre che un blocco comunichi l'avventa e validata transazione, poiché un eventuale nemico potrebbe auto dichiararsi proprietario dei Bitcoin e invalidare la transazione che era stata lecitamente fatta in precedenza.

Si crea così una crepa tra chi considera una transazione valida e chi l'altra.

Se dovesse vedere la propria transazione invalidata a causa di un nemico che ha dunque copiato le sue azioni ed è stato creduto, si troverebbe davanti ad un **sybil attack**.

Lo standard di conferma per avere la sicurezza sull'irreversibilità è:

- 0 conferme – micro pagamenti;
- 1 conferma – standard;
- 3 conferme – grossi capitali;
- 6 conferme – livello militare.

Il nodo conserva nella memoria veloce solo gli ultimi output, ovvero i Bitcoin dell'ultimo proprietario, questi si chiamano **upsent transaction outputs (UTXO)** e sono dunque i Bitcoin in circolazione.

Bisogna considerare che le transazioni, che siano a distribuzione o a raggruppamento, hanno un determinato consumo di memoria (che è costante) e vengono processate e controllate di continuo in brevissimo tempo da un qualsiasi nodo.

Le transazioni devono rispettare la catena e fare riferimento alla transazione precedente, poiché a causa della propagazione casuale, un nodo potrebbe ricevere transazioni a cui manca il riferimento.

Queste vengono dette transazioni **orfane** e verranno tenute in sospeso fino all'arrivo della transazione di origine; dopodiché verranno processate in ordine.

Se ciò non dovesse accadere, verranno cancellate dopo un tot di tempo arbitrario.

Per i protocolli Bitcoin, le transazioni possono contenere veri e propri programmi per specificare le condizioni di spesa e istruzioni che verranno poi eseguite dai nodi.

Questi programmi vengono chiamati **smart contracts.**

Sono una potenziale fonte di bug e virus, perciò Bitcoin è stato limitato all'uso monetario.

Alcuni esempi di smart contract:

- A seguito di una scommessa, un gruppo utilizza uno smart contract per sancirla.

  Questo, una volta caricato sulla Blockchain è ovviamente irreversibile.

  Al termine della partita la rete assegna il premio al vincitore che è un giudice senza pietà;

- Un venditore riceve un premio ad ogni vendita; se il contratto che sancisce ciò è nella Blockchain, al venditore arriverà il premio pochi secondi dopo aver venduto un prodotto. Ciò impedisce al suo titolare di inventare delle scuse.

I contratti possono nascondere insidie difficili da scoprire come errori del computer anche nei programmi più semplici.

Una transazione pesa 250 byte che in uno scenario di un colosso di carte di credito è molto poco. Infatti in quest'ultimo si svolgono mediamente 2.000 transazioni al secondo che corrispondono a 75 MB al secondo (qualcosa in meno della fibra di casa).

Bitcoin è già una moneta a livello mondiale, ma se gestisse l'economia mondiale c'è chi suppone che andrebbero escluse le spese dei micro pagamenti, questo problema è detto anche il **problema del caffè**.

> È necessario disporre della Blockchain totale per un pagamento fatto dall'altra parte del mondo?
>
> Si potrebbero ridurre i backup semplicemente all'ambito in cui sono necessari.
>
> L'esempio perfetto si pone appunto con un caffè preso da turista in un luogo lontano dai tuoi dispositivi; che necessità c'è di avere con sé un'enorme quantità di dati, dei quali non si farà utilizzo?
>
> Un'altra soluzione proposta è la **off-chain** Bitcoin, che può essere utilizzata come moneta mondiale anche da computer modesti, ma richiede fiducia nelle terze parti e necessità di HUB centralizzati con database banalissimi.

Per contribuire anche solo in minima parte a quest'ultimo network, si è deciso di inserire il **replace by fee** e il limite del blocco di 1M blockisize.

Tutto ciò ha contribuito solo alla saturazione della mempool, al saltare la coda tramite double spending, alla crescita delle fees e infine all'incertezza sulle micro-transazioni.

BITCOIN – La Blockchain

Il singolo blocco è costituito da un'intestazione che contiene informazioni sul blocco stesso e il conto che contiene le transazioni.

L'intestazione contiene precisamente:

- Versione del protocollo;
- Timestamp;
- Hash del blocco precedente;
- Merke Root;
- Difficoltà;
- Nonce.

L'hash del blocco precedente causa la "catena di blocchi" detta **Blockchain.**

La modifica di un singolo carattere nel passato, richiede il risultato di tutti gli hash a valle che devono essere dunque ricalcolati.

Verificando però l'ultimo hash si verifica tutta la precedente catena.

Il blocco si identifica con l'hash che lo riguarda oppure con il numero di blocco; entrambi i dati sono univoci e possono essere utilizzati alla pari di validità.

Il numero di blocco è dato in sequenza e viene chiamato **altezza di blocco.**

L'intestazione che contiene anche l'hash di tutti i dati nel blocco si calcola e si illustra con il Merkle Tree o meglio Root.

Si fa riferimento ad un albero genealogico di tutti i processi di hashing che posti due a due arrivano all'hash più recente.

Questa scelta viene criticata per la quantità di calcoli da fare.

Se si ha un blocco piccolo, si potrebbe impiegare un secondo per scoprire l'hash; se si ha un blocco 10 volte tanto, si impiegheranno 10 secondi solo per un hash.

Questo calcolo è lineare con ogni singolo hashing ed ha una struttura che viene detta quadratica con la struttura ad albero.

Si suppone di costruire un albero binario numerico, questo si divide in seguito in 2 progressivamente:

2 3 4 **5** 6 7 8 – è diviso in 2 gruppi
2 **3** 4 5 6 7 8 – è diviso in altri 2 gruppi
L'albero sarà: (2,4) – (6,8) alla base, (3,7) in mezzo e 5 in cima.

Un altro metodo che viene spesso utilizzato è il **client SVP** che consiste nello scaricare non tutta la Blockchain ma soltanto gli hash dei rami che conducono ai dati che interessano, e li ricostruisce fino al merkle root.

BITCOIN – Il mining

Di solito non viene chiesto un hash qualunque ma un hash che rispetti una determinata difficoltà.

Questo numero implica fare un certo numero di tentativi per trovare quello desiderato.

La difficoltà vera sta però nel risolvere l'enigma, e in quel momento si genererà un hash con la sequenza di zeri desiderata che porterà il nome di **nonce**.

Per esempio, se si vuole trovare 88 alla parola Luca, lo troverà alla parola luca11, questa è la sequenza nonce.

Se è noto l'intervallo di tempo in cui questo nonce è stato trovato, allora è una prova matematica della potenza spesa, detta anche **proof of work**.

Chi in seguito riceve un nonce, prende l'hash e verifica che ci siano gli zeri e controlla che quel nonce porti a quel hash con un semplice passaggio.

Difatti questo lavoro implica che chi controlla faccia una spesa elettrica minore di chi produce.

Il **miner** dunque deve compiere un **lavoro di estrazione** figurato, ovvero trovare un nonce che risolva il blocco.

Più potenza di calcolo e più possibilità di trovarlo velocemente.

All'inizio queste gare venivano fatte sulle CPU, ma la maggior parte dei circuiti rimanevano inutilizzati.

In seguito si accorsero che lo stesso risultato si poteva ottenere con l'utilizzo delle schede video. In breve tempo si passò ad utilizzare i cip e a copiarli fino a limitare la loro capacità d'azione alla risoluzione di questi enigmi, fino a creare quelli che si vedono spesso, intere stanze di edifici pieni di cip dedicati esclusivamente a questo lavoro.

Ma qual è la probabilità che un miner utilizzando una potenza media limitata trovi la soluzione? La risposta dipende dalla legge degli eventi rari detta **la distribuzione di Poisson**.

La formula da utilizzare, è seguire la curva data da:

$$P(x) = e^{-l}\frac{l^x}{x!} \qquad \forall x \in N$$

L'area della curva è uguale a 1, ed è una cosa curiosa che l'area sia finita in un modello con parametri infiniti.

Ma la probabilità di trovare un blocco è di 1 su 2^{32} moltiplicato la difficoltà.

In seguito, dovrà essere calcolato in base ad una data potenza e a quanto tempo ci impiega l'hash o il numero di hash desiderato.

Si comprende che si tratta più di una lotteria che di un'attività, poiché c'è moltissima discontinuità e gli utenti dunque preferiscono organizzarsi in gruppo e distribuire il premio.

Il gestore che verifica l'attività, deve sapere che ciò che accade sia lecito e che chi sta cercando la soluzione lo faccia perché vi sta lavorando non perché sia malintenzionato.

> Il gestore costruisce un blocco nel quale si autoassegna la vincita del blocco, dunque il nonce che verrà calcolato non sarà utilizzabile in alcun modo.
>
> Saprà che il miner sta lavorando per lui perché mentre si scoprono le varie soluzioni si andrà a percepire una difficoltà minore; queste piccole soluzioni costituiscono proprio la prova della potenza impiegata.

Il gestore non paga in proporzione alla potenza ma in proporzione a quanta energia utilizzerebbe facendo il lavoro da solo.

Questo serve a limitare possibili comportamenti illeciti, definiti anche **pool hopping** che letteralmente significa saltare di pool in pool agli inizi di un round sperando che venga trovato

un blocco prima del tempo medio, ma ricevendo infine lo stesso quantitativo del premio con meno sforzo, ai danni del miner onesto e continuativo.

Altro comportamento illecito è il tentativo di **bancarotta**, dunque omettere di comunicare la soluzione del nonce perché non venga premiato nessuno.

Il gestore minimizza il rischio di bancarotta pagando una fee più bassa e mantenendo così una riserva, che si compone da una quota rischio e da una quota trattenuta sul premio offerto in seguito ai miner.

È paragonabile all'utile aziendale.

Un pool senza riserva rischia ovviamente la bancarotta imminente; seguendo il calcolo si può osservare la consistenza della riserva:

$$\text{Riserva} = \frac{\text{premio}}{2 \times \text{trattenuta}} \times \ln(\text{PB}^{-1})$$

BITCOIN – Il protocollo

Come si è osservato in precedenza, il protocollo permette di creare una moneta estremamente sicura, programmabile e senza confini.

Inoltre è molto economica, non censurabile e pseudo-anonima.

Chiunque può crearsi la propria moneta, utilizzando le proprie regole anche se assurde, perché non ha bisogno del consenso di molti ma di una sola per l'inserimento.

La moneta può avere valore anche se usata da sole due persone.

Per Bitcoin è stato scelto di emulare il processo estrattivo dei metalli rari come rappresentativo della moneta, questo perché non c'è modo di spiegare ad una macchina il concetto di valore.

Se ne fissa dunque una quantità massima e gli utilizzatori provvederanno a fissarlo in maniera crescente.

Il **limite del Bitcoin** tende a 21M BTC e una volta raggiunto il limite il miner riceverà solo le fees, ma si stima che ciò accadrà nel 2140.

In realtà non è possibile stimare con esattezza quando verrà coniato l'ultimo Bitcoin a causa della velocità media dei blocchi e della massima capacità di coniatura per blocco perché sono stime molto accurate da fare.

Una domanda lecita sarebbe chiedersi perché questi Bitcoin non crescano in continuazione semplicemente sommandoli.

La risposta sta nel famoso **paradosso di Achille e della tartaruga**:

> Achille gareggia con una tartaruga, alla quale concede il vantaggio di partire da metà distanza.
>
> Chi sarà a vincere?
>
> La tartaruga è sempre un passo in avanti e taglia il traguardo ma solamente dopo aver vinto viene superata da Achille.

Il mondo difatti ha sempre vissuto nell'inflazione, questo metodo fu ipotizzato per scongiurare la crisi economica: svalutare il credito e scontando il debito, si costringono le persone ad investire nel capitale per scongiurare la perdita di valore.

Nessuno sa spiegarsi il perché del successo di un'azienda (perché essa può anche fallire).

La furbizia dei colossi sta nel non investire nuovamente tutto il capitale guadagnato, proprio perché anche se si capiscono i metodi per avere successo, si può sempre fallire e perdere tutto.

Il meccanismo sopracitato tende a colpire soprattutto chi non riesce, a seguito di un fallimento, a rialzare il proprio flusso monetario.

Infatti l'inflazione è il trasferimento di ricchezza dall'utilizzatore all'ente emettitore, (storicamente l'ente centrale ne ha sempre tratto vantaggio causando l'iperinflazione o la deflazione del mercato).

entre una moneta deflazionistica segue un diverso andamento di mercato:

Attendere i saldi o l'abbassarsi dei prezzi per acquistare prodotti.

Lo sconto diventa dunque il prezzo d'equilibrio.

Questo non è un aiuto alla crisi economica, anzi causerà un collasso della domanda e formerà la cosiddetta **spirale deflazionistica**.

La moneta Bitcoin calza perfettamente l'attuale modello di finanziamento diretto.

I diretti interessati possono comprare quote azionarie ed avere un sistema di voto sicuro, automatico e delegabile.

Questo meccanismo funziona finché il mercato è in crescita, smette di funzionare quando le condizioni non sono più buone e a rimetterci sono principalmente i diretti compratori.

In Bitcoin nessuno poteva essere derubato e se si voleva guadagnare di più era ed è buona cosa investire nelle aziende e seguire i loro flussi economici.

Ad oggi per rubare Bitcoin si deve essere molto bravi non solo a livello economico, ma anche informatico e gestionale.

Bitcoin è un ottimo **sistema di voto**, inteso come azionista che vota.

Una persona può, dal proprio telefono votare in maniera sicura, oppure delegare e revocare qualcuno in qualsiasi momento.

Si crea un meccanismo di voto sicuro e certificato in cui nessuno può imbrogliare perché tutti hanno accesso al corretto svolgimento delle elezioni.

BITCOIN – Consensus

Il meccanismo di fiducia di Bitcoin non si basa su un ente centrale ma sulla rete.

Ogni elemento del network da valore a quella moneta, infatti ogni nodo ha una copia della Blockchain che ha lo stesso valore per ognuno.

Il protocollo Bitcoin permette ad ogni gruppo di condividere le stesse regole, si può dunque far parte di un insieme solo se si rispettano le sue regole e, se non vengono rispettate si verrà tagliati fuori.

Se dall'esterno si vuole creare un nuovo gruppo, sarà possibile solo se chi si unirà rispetterà nuovamente le regole proposte.

Bitcoin dispone infatti di un grande rigore matematico.

Sarebbe più opportuno denominarla moneta elettronica perché viene utilizzata più per scambi tra macchine ma è più comunemente utilizzato il termine di **crypto moneta**.

Ogni nodo deve verificare ogni aspetto del protocollo quando controlla un blocco.

Tuttavia si ricorre alla verifica tramite sorteggio casuale con il mining.

I nodi non accettano dunque il blocco di qualunque altro nodo, ma lo fanno solo dopo che quest'ultimo abbia dimostrato di aver superato una certa difficoltà.

Per incentivare questo meccanismo ogni nodo costruisce il proprio blocco dove si auto-assegna la coniatura di nuove monete e tasse di transazione e comincia velocemente a cercare la soluzione del blocco e a propagarla ad altri nodi, prima che venga superato da altri.

Il nodo che riceve il blocco considererà la gara perduta e si ripartirà con la costruzione di un nuovo blocco.

Può capitare che in breve tempo giungano più soluzioni dai nodi e si crei la cosiddetta **fork**, che non è altro che una biforcazione dei rami.

La catena seguita sarà quella che dimostra di aver cumulato la **maggior potenza computazionale**.

La **velocità di propagazione** del blocco può essere un fattore di aumento della potenza e può vincere a discapito delle altre.

Un evento raro è che due catene trovino il prossimo blocco nello stesso momento o quasi simultaneamente; il vincitore sarà dunque chi troverà il prossimo ancora.

Bitcoin sceglie un tempo di **10 minuti** tra un blocco ed un altro, che garantisce la rara creazione di disorganizzazione all'interno del nodo ed una veloce comunicazione.

È dunque raro che si presentino fork su più blocchi.

La difficoltà viene aggiustata dal network in base alla velocità con cui si trovano i blocchi.

C'è un limite di difficoltà oltre il quale viene applicata una modifica per adattare la velocità: il numero **2016 di blocco**.

Le problematiche della teoria di controllo sono **il wind up**, che funziona come una barca a vela che prende troppo vento in troppo poco tempo, e **l'azione derivativa o schizzo**, che consiste nell'eccessivo cambiamento della linea tracciante, la velocità di risoluzione di un blocco, che diventerebbe troppo difficile o troppo facile.

L'errore più comune è credere che i costi del network diventino insostenibili in breve tempo. Bisogna pensare che il miner è incentivato a gareggiare, ma paga anche l'energia che consuma e per farlo viene pagato con la moneta del gruppo.

Oltre a questa moneta, non si può andare, altrimenti va in rimessa tutto il gruppo.

L'algoritmo tende ad un equilibrio tra difficoltà e costi di energia spesa.

Il miner non può spendere subito i Bitcoin ricevuti, infatti deve **attendere 100 blocchi**, il che serve a scongiurare l'azione di "**prendi e scappa**".

Se avvenisse una riorganizzazione della catena, gli utenti quasi probabilmente non se ne accorgerebbero perché si tratterebbe di piccolissimi cambiamenti.

Cambia invece per chi vince il premio: se chi ha vinto la catena spende i soldi e questa cambia, di colpo si ritroverebbe con dei Bitcoin che non sono mai esistiti.

I miner sono in forte competizione economica tra loro, è infatti loro interesse avere la maggiore potenza di calcolo e la fonte energetica più efficiente ed economica.

Per quanto riguarda la rete, non si cura di cosa accade al di là di essa, più **proof of work** per loro, significa avere una rete più sicura e il pagamento di **quota fissa** regolare.

Se si passasse ad un tipo di energia rinnovabile, sarebbe nell'interesse del miner assicurarsi tutti i dispositivi (come pannelli solari), per garantirsi una buona potenza energetica.

In uno scenario post apocalittico, ci si potrebbe fidare ciecamente di Bitcoin, perché nessuno sprecherebbe tutta questa energia che riuscirebbe a generare.

L'autorità centrale viene dunque sostituita dalla catena più lunga, come detto in precedenza, e questo si chiama consenso emergente (**emergent consensus**).

Il voto si conta in base ai cpu utilizzati, dunque **1 cpu equivale ad 1 voto.**

La maggioranza crea la catena più lunga secondo la democrazia circuitale, detta anche **Società per Azione 2.0.**

Chi ha più potenza di calcolo ha nel suo interesse che la rete cresca perché in questo modo guadagnerà di più.

Tuttavia, nulla vieta ad una minoranza di blocchi di rifiutare una catena.

Il sistema rimane sicuro se almeno il **51% dei nodi sono onesti**, dunque è il 51% a creare la catena più lunga.

È difficile vedere questa percentuale nella condizione pratica, perché le verifiche sono molto accurate e richiederebbero molto tempo, dunque la si considera come condizione teorica del numero di nodi onesti.

In queste condizioni un nemico con potenza computazionale superiore al 51%, potrebbe creare disaggi alla rete, facendo double spending dei soldi o rifiutando l'inserimento di alcuni blocchi nell'indirizzo e la loro propagazione verso altri e infine potrebbe anche creare blocchi vuoti allo scopo di bloccare il network.

Talvolta si è trovato un blocco vuoto sulla rete, ma non si trattava di un attacco, semplicemente era un momento di preparazione del blocco stesso dopo essere stati "spenti".

Un nemico non può appropriarsi dei soldi altrui che sono protetti dalle curve ellittiche e non può manipolare la Blockchain ad arbitrio perché non possiede le chiavi private dei proprietari.

Come sopracitato, il **nemico può fare double spending** della sua moneta in segreto:

Per prima cosa genera una transazione vera ed acquista un prodotto.

Di nascosto genera una catena parallela con transazioni double spending dove si ri-attribuisce i soldi che aveva speso.

All'arrivo del prodotto, il truffatore propaga la catena più lunga, annullando il pagamento iniziale, così la spesa non risulta doppia.

Per fare tutto ciò deve mantenere la propria farm segreta, perché se si scopre la sua potenza computazionale, il pagamento verrà atteso solo dopo un numero più lungo di blocchi, il che farà rivelare il double spending se il pagamento non va a buon fine.

L'attaccante ha dunque a disposizione un solo colpo e poi dovrà mantenersi inattivo per un certo periodo.

Tuttavia potrebbe riuscire secondo le statistiche nel seguente modo:

- 40% HP – 6 blocchi di fila con 50% di successo;
- 30% HP – 6 blocchi di fila con 15% di successo;
- 20% HP – 6 blocchi di fila con 2,3% di successo;
- 10% HP – 6 blocchi di fila con 0,59% di successo.

All'atto pratico dunque, corrisponde circa il 70-80% per avere buona garanzia di successo.

Una pool con il 10% di potenza computazionale potrebbe offrire un servizio di double spending ai clienti con il 10% di probabilità di successo di azzeccare il blocco e invalidare le transazioni unconfirmed, oppure 10% HP può tentare con il 20% di successo premiando il gioco in segreto.

La modifica nel passato da parte di un nemico che magari vuole cancellare una transazione, richiederebbe che egli ricalcolasse tutti gli hash e generasse una catena più lunga da presentare alla rete.

Quest'ultima però è in **race condition** e per il nemico, più indietro deve andare peggio è, perché avere meno del 51% corrisponde anche a veder salire esponenzialmente l'altezza del blocco. Questo garantisce l'immutalità.

Il potere dei miners consiste nel **voto**, per lo più negli aspetti tecnici.

Loro sono incentivati a giocare secondo le regole, perché è prevalentemente per questo che vengono poi pagati.

Il miner viene pagato con la moneta del gruppo che deve giustamente crescere di valore, ed egli non può intervenire in alcuna regola stabile dal gruppo ma può solo fornire il suo servizio.

Se un miner monopolista volesse fare un attacco massiccio alla rete, lo potrebbe fare tranquillamente ma dovrebbe considerare il successivo guadagno come maggiore di quello attuale.

Spesso accade perché il gruppo può escludere il miner a bassissimo costo energetico, mentre viceversa al miner costa molto.

Egli potrà solo seguire la maggioranza del suo gruppo o dividersi e fare una minoranza che si allontani e formi un nuovo gruppo.

Bitcoin come moneta offre un'arma economica di gruppo perché si può togliere immediatamente il potere a chi non rispetta le regole.

Un gruppo può sempre ripartire da zero o da un altro stato della rete.

BITCOIN – Sicurezza informatica

Dopo aver capito come funzionano i Bitcoin, supponiamo che qualcuno generi il suo seed offline, lo salvi e lo stampi sul paper wallet e lo conservi in cassaforte, per poi successivamente cancellare il file e svuotare il cestino.

In questa fase si possono commettere ben 3 possibili errori:

- l computer insicuro che ha visto la chiave privata;
- La stampante insicura che ha visto la chiave privata;
- Il paper wallet, dove un programma curioso può aver fatto l'accesso per curiosare nella memoria della stampante e rilevare i dati sensibili.

Nello specifico, quando viene cancellato un file, il computer per eseguire quest'azione cancella soltanto l'indice, dimenticandosi dove era stato scritto questo file, ma non cancella il suo contenuto.

Un dato potrebbe rimanere nel disco per molto tempo prima di essere cancellato.

Infatti, grazie alle nuove tecnologia HD e SSD, le tracce di un file sono molto più difficili da perdere, in maniera completamente trasparente.

I nemici particolarmente attrezzati possono trovare molto facilmente persino le tracce magnetiche del disco e recuperarne il contenuto.

La soluzione è la **cifratura del disco** con il seguito di procedure di distruzione dei dati.

Il dispositivo deve dunque essere assolutamente sicuro, facendo particolarmente attenzione a:

- Stampanti;
- Bluetooth;
- Connessioni wireless con cifratura debole;
- Dispositivi con cifratura debole;
- Pen drive o HW di dubbia provenienza.

Il paper wallet è molto rischioso se non viene cifrato bene e subisce un gran rischio di furto, foto o ritrovamento.

È bene ricordare anche di fare sempre backup ridondanti e cifrati solo accessibili al legittimo proprietario.

Tutta la sicurezza di questo metodo sta nella **password** che deve essere di una combinazione particolarmente robusta (no date personali, indirizzi, nomi).

La miglior combinazione deve sembrare casuale, esiste infatti un metodo mnemonico per generare password complesse che consistono in frasi insensate di 8 parole dal dizionario semplificato e altri numeri o caratteri.

Dimenticare la password può essere un disastro, ma lo è altrettanto utilizzarne solo una: è preferibile utilizzare più password perché se una viene scoperta il danno è limitato.

Un computer non distingue un'azione legittima da una illegittima, come leggere i documenti presenti al suo interno, dunque ogni programma può potenzialmente accedere a tutti i dati.

Il sistema operativo pone però una barriera che ferma i programmi dall'accedere costantemente all'hardware, alla RAM o alla tastiera, così come blocca i tentativi di modifica degli altri programmi o del sistema operativo.

Un programma con permessi d'amministrazione può pero superare le protezioni del sistema operativo.

I programmi malevoli sono detti anche **malware** e si suddividono in:

- Virus;
- Worm;
- Trojan;
- Blackdoor;
- Bombe logiche;
- RansomWare;

- Spyware.

I **virus** ed i **worm** si differenziano per il meccanismo di diffusione tramite rispettivamente persone ignare e bug dei programmi.

I **trojan** o cavalli di troia non hanno invece un meccanismo di diffusione, vengono semplicemente inviati alle vittime designate.

Quando si esegue un programma potenzialmente malware su sandbox è bene usare PC muletti, OS su partizioni separate e Virtual Machines.

La **backdoor** e le **bombe logiche** attaccano invece i programmi a closed source dove non è possibile leggerne i dati.

Non c'è modo di sapere cosa sta facendo un programma.

Per quanto riguarda le backdoor, i tecnici cercano sempre di lasciare un modo per accedere alla macchina; per le bombe logiche, l'attacco potrebbe scattare anche solo con un codice che si attiva al ritrovamento di una parola o un numero.

È bene eseguire i programmi closed su ambienti isolati.

I **ransomware** sono pericolosi quanto un guasto, perché consistono nella cifratura dei propri dati con la richiesta di riscatto in Bitcoin.

L'importante è non avere una sola copia ma diverse dei propri dati.

Un malware con un sistema operativo non compromesso e permessi limitati può creare danni limitati:

- Inizialmente sarà uno **spyware** e cercherà di capire più cose possibili sul proprietario da poter usare contro di esso.

Troverà il wallet ma se ben cifrato non riuscirà ad accedere.

- Potrebbe cambiare l'indirizzo e far si che al momento della transazione questa venga firmata senza accorgersi del cambiamento, ma è molto raro e difficile che accada.
- Se il malware riesce ad avere i permessi di amministrazione, si può dire che il tutto è game over perché avrà accesso a tutto l'hardware.

Il **bug** consiste nel fatto che un programma faccia qualcosa che solitamente non riuscirebbe a fare, dunque cerca all'interno delle regole del programma, anche le più assurde possibilità per comportarsi in maniera anomala.

Di fronte ad un dispositivo compromesso le soluzioni sono diverse:

- La più veloce e corretta è la **formattazione** immediata;
- L'istallazione del minimo indispensabile dalle fonti affidabili;
- Controllare gli aggiornamenti sulla sicurezza;
- Evitare antivirus e firewall, che analizzano tutto ciò che passa nel computer;

- Non eseguire un potenziale malware su macchine con dati sensibili;
- Cifrare i dati sensibili e farne multiple copie;
- Utilizzare hardware non potenzialmente manomessi.

Il problema della rete interna vanifica qualsiasi barriera di protezione di tipo friewall, il nemico per entrare non guarderà nemmeno l'antivirus ma punterà subito ai dispositivi della rete.

È bene ricordate sempre di utilizzare una rete sicura che può essere:

- **HHTTPS;**
- **SSL**

La trasmissione dei dati sulla rete internet funziona coma spedizione di pacchi, ma si tratta di pacchi di dati spediti a utenti.

Di un numero d'indirizzo numerico detto anche **Ip** le cifre sono rappresentative del paese, della compagnia telefonica, dal casottino di trasporto dati e per ultimo dal filo che trasporta i dati.

L'indirizzo IP viene assegnato al proprio router, in seguito questo tiene traccia dei dispositivi tramite gli indirizzi locali.

Quando un computer fa richiesta di una pagina web, la inoltra al router che a sua volta risponde direttamente al computer.

L'indirizzo **speciale** 127.0.0.1 è quel che istruisce il computer a connettersi a sé stesso, ed è stato spesso utilizzato per sfuggire alle minacce di alcuni malfattori che finivano per formattarsi il computer per mano propria.

Le **VPN** servono per creare una **LAN** tramite internet, ovvero ciò che riesce a far comunicare tramite tunnel cifrati due computer, proteggendo i dati grazie alla cifratura.

Ad oggi non si può più far leva solo sulla fiducia in questi tunnel perché gli attacchi in rete si sono ovviamente evoluti.

Contro l'**attacco fisico** non c'è difesa, perché un nemico che ha accesso fisico al proprio dispositivo può fregare il proprietario quasi sempre.

Per ovviare a questa possibilità, è bene utilizzare la cifratura anche sulle partizioni del dispositivo, minimizzando i danni da furto fisico.

È bene ribadire di non cedere mai le proprie seed ai dispositivi non sicuri.

I **virus del bios** sono infallibili, si trovano in una posizione di controllo dell'hardware e sopravvivono persino alla formattazione del dispositivo.

Tuttavia si tratta di attacchi molto difficili.

L'attacco più comune è quello **psicologico**, che fa leva sulle insicurezze delle persone per avvalersi dei loro dati: paura, insicurezza, paranoia.

Si tratta di indurre le persone ad esporsi.

I modi per perdere i Bitcoin sono dunque:

- Insufficienti backup;
- Cifratura debole;
- Uso scorretto (inviare i propri soldi ad indirizzi senza backup di chiavi private, uso di chiavi private non sicure, selezionare un wallet sbagliato);
- Dispositivo non sicuro.

Un metodo efficace per proteggersi è quello simpaticamente detto **a cipolla**, utilizzando la multi firma, facendo attenzione alle mail di ricezione codici, stabilendo dunque dei livelli di sicurezza che circoscrivono il pericolo o lo debellano.

PROCEDURE – Cold storage

Per creare un **cold storage** è sufficiente installare un wallet su un qualsiasi dispositivo scollegato dalla rete.

Di seguito bisognerà generare il seed e farne il backup, per poi usare un QR code per firmare le transazioni.

Il dispositivo può anche essere compromesso, perché non c'è rischio che comunicherà fisicamente, sarà vulnerabile solo all'accesso diretto grazie ad esempio al furto.

È molto più facile organizzare un attacco verso un centro piuttosto che verso una persona.

Per **trasformare il pc in un cold storage** utilizzando una **live USB** semplice e poco costosa:

- Scaricare iso di ubuntu e spostarlo su una pennina con uno spazio persistente altrimenti ogni modifica potrebbe andar perduta;
- Avviare il sistema e fare su un'altra pennina delle prove di funzionamento, così non si danneggerà il disco.

Creare delle partizioni di vario tipo e cifrarle per poi cancellarle o ridimensionarle, il che può richiedere tempo se vi sono dati da spostare poi nella pennina principale;

- Utilizzare al massimo 4 partizioni primarie e proseguire con le partizioni logiche a proprio piacimento;

Il grande vantaggio di questo sistema è che viene già equipaggiato di una serie di programmi utili, mentre in altri sistemi è necessario scaricare da terze parti non avendo la sicurezza che non siano malware.

Per esempio il programma di partizione è già incluso e pronto ad essere utilizzato.

- Assicurarsi che durante la partizione si sia selezionata la pennina e non il disco rigido;

Il kermel assegna ai dischi una lettera dell'alfabeto: HD**A**, HD**B** o SD**A**, SD**B**.

L'ordine potrebbe cambiare e il proprietario non accorgendosi selezionerà magari il disco principale.

- Le partizioni verranno numerate progressivamente e conservate nel punto di montaggio che è una cartella da dove operare (media – nome utente – cartella pennina);
- Proseguire all'installazione di **keepassx** per la gestione delle password in tal modo: aprire terminale – digitare ***sudo apt-get install keepassx*** anche aiutandosi con il tasto TAB, perché se un comando è corretto lo completerà in automatico;
- Dopo aver installato il programma, lo si apre e si fa: click database – crea nuovo database – inserire password – menu inserimento dati – aggiungere voce – inserire password;
- Per aggiornare le password si preme l'icona a destra della nuova voce e la password modificata verrà salvata mentre quella precedente verrà cancellata.

Per utilizzare una password bisognerà copiarla negli appunti dove vi rimarrà per soli 30 secondi, dopodiché sarà necessario ripetere l'azione;

- Proseguire installando il wallet dall'indirizzo su electrom. com copiandolo e incollandolo sul terminale.

Il programma una volta installato sarà disponibile, bisognerà scriverlo e inviarlo (***electrum-ltc***);

- Dopo aver fatto qualche prova di funzionamento, bisognerà inserire una password per il seed di 12 parole e il programma suggerirà di fare un backup.

In seguito salvare il seed con keepassx ed eseguire un nuovo backup del database e della password.

- Caricare il backup in molteplici posti fisici e in reti sicure e controllate;
- Salvare il wallet è importante, ma talvolta a causa di incompatibilità di versioni del programma potrebbe danneggiarsi, è dunque meglio salvare più volte il seed.

Alcuni dettagli importanti da ribadire:

- La pennina non è cifrata, dunque non bisogna dimenticarla collegata nei dispositivi poiché un virus potrebbe modificarla a piacimento;
- Sono i dati ad essere cifrati (il wallet, il database, le password) e non bisogna mai inserirli in zone non sicure;

LE MONETE ALTERNATIVE

Bitcoin nacque con tecnologia molto avanzata che potrebbe ancora implementare, ma è frutto di studi militari e questo è un fattore di pregio tecnologico e sicurezza.

Tutto ciò che è venuto dopo Bitcoin **non ha saputo apportare modifiche più grandi**:

- Politica monetaria;
- Alcune regole;
- Algoritmo PoW/ PoS;
- Applicazioni specifiche.

Alcuni esempi rilevanti sono:

- **LITECOIN** – differisce da Bitcoin per la frequenza dei blocchi trovati;
- **ETHEREUM** – in grado di eseguire programmi completi, bloccati invece su Bitcoin per motivi di sicurezza;
- **MONERO** – molto portate all'anonimato;

Le monete si possono comprare dagli **Exchange** e le azioni vengono sintetizzate da una **candela**, il cui corpo è formato dall'apertura e dalla chiusura del trasferimento di dati.

Se all'interno di una transazione si è trovato un prezzo più alto, questo si riporta con una stanghetta detta **ombra**.

Per distinguere se il prezzo è diminuito o aumentato si utilizza una candela vuota o una piena:

- Chiusura più alta dell'apertura – candela vuota – prezzo aumentato – candela verde;
- Chiusura più bassa dell'apertura – candela piena – prezzo diminuito – candela rossa.

Negli Exchange vi sono molti rischi da terze parti: essendo i Bitcoin di proprietà, se accadesse qualcosa all'Exchange andrebbero perduti.

Dunque i Bitcoin si tengono in cold storage e fanno le operazioni su un database interno.

Bisogna prestare particolare attenzione agli **stop loss**: le monete minori sono altamente volatili e si rischia di aver acquistato monete a pochissimo valore ad un prezzo alto o viceversa.

La maggior parte delle monete alternative si sono rivelate truffe e repliche:

- Schemi piramidali;
- Blocchi preminati;
- Genesis block ricamati.

La **proof of work** serve a garantire la sicurezza della rete a costi ridotti, ad oggi il suo coinvolgimento nell'inquinamento a causa energetica è percentualmente molto ridotto.

Adesso si potranno scegliere gli exchange.

Tra i più rinomati vi sono: **Coinbase**, **LocalBitcoins**, **Bitstamp**, **Kraken.**

CAPITOLO 6

ANDIAMO SUL PRATICO: PANORAMICA GENERALE

In questa parte del testo andremo più sul pratico: riprenderemo alcuni concetti teorici visti nella prima parte e li andremo a declinare su cosa fare effettivamente quando siamo davanti a un pc.

Analizzeremo veramente tanti concetti articolati, complessi, ma interessanti.

Di cosa ci ocuperemo?

Andremo a vedere nella pratica il concetto di crittografia, andremo a vedere il concetto di Wallet, e che cos'è il portafoglio.

Vedremo insomma dove si detengono le criptovalute.

Molti di voi sapranno che si detengono sugli Exchange, ma i Wallet sono una cosa più personale, sono una cosa probabilmente più sicura.

Quindi vedremo i Wallet e anche qualche esempio di Wallet, come MetaMask e TrustWallet che sono due ottimi prodotti.

Vedremo poi gli Exchange decentralizzati, dove potrete comprare e vendere criptovalute tra privati, senza averne necessità di passare da un Exchange, quindi senza il rischio dell'exchange.

Ovviamente ci sono altri rischi, ma alcuni li abbiamo già affrontati e altri li affronteremo nei vari paragrafi.

Vedremo poi PancakeSwap che è uno di questi Exchange decentralizzati, molto di moda in questo momento.

Sicuramente vi farà piacere imparare a utilizzare questo, come anche imparare ad utilizzare Autofarm che è un aggregatore per questi strumenti di defi e di finanza decentralizzata (in pratica potete mettere le vostre criptovalute a rendita passiva).

Non male!

Ovviamente anche qui state attenti a tutti quelli che sono i possibili rischi.

Ci sarà infatti anche un capitolo sugli scam, cioè sui rischi che sono collegati in genere al mondo online e nello specifico anche a quello delle criptovalute.

BREVE PREAMBOLO SULLE CHIAVI PUBBLICHE E PRIVATE

Partiamo dalla crittografia...che cos'è?

La crittografia è una tecnica molto antica, utilizzata per rendere un messaggio indecifrabile per chiunque al di fuori del destinatario, ovviamente.

Nel mondo informatico serve a rendere illeggibile qualsiasi dato, convertendolo generalmente in una stringa di numeri e lettere.

La crittografia è una tecnica molto antica, non a caso veniva utilizzata anche nell'antica Roma.

Come spesso accade, le evoluzioni tecnologiche o comunque le nuove scoperte avvengono in ambito militare, salvo poi venire estese anche nel mondo civile.

Vediamo infatti che in epoca romana Giulio Cesare utilizzava la crittografia per camuffare i messaggi per scopi militari: sostituiva ciascuna lettera del messaggio con la terza che la seguiva, quindi aveva un suo stile per crittografare i messaggi.

Ovviamente chi doveva ricevere il messaggio sapeva come decodificarlo e sapeva di conseguenza come invertire le lettere.

Durante la Seconda Guerra Mondiale il dispositivo enigma veniva utilizzato per criptare i messaggi e cercare di impedire al nemico di fare spionaggio.

Questo è un altro esempio.

Ovviamente era molto più complesso di quello di Giulio Cesare, c'erano proprio dei macchinari che lavoravano i messaggi secondo degli algoritmi che vedremo.

Nell'era contemporanea la crittografia informatica si basa su un algoritmo di calcolo, appunto, ed una chiave crittografica.

La crittografia impiegata per la protezione di Bitcoin, e delle altre criptovalute, è detta crittografia a chiave pubblica o asimmetrica.

Andiamo ora ad analizzare la chiave pubblica per comprendere meglio che cos'è e a che cosa serve.

La chiave pubblica consente al mittente di criptare i dati, la chiave privata consente al destinatario di decifrarli.

Ciascuna coppia di chiavi asimmetriche è unica e in questo modo si ha la garanzia che solo chi possiede la chiave privata corrispondente alla chiave pubblica può leggere il dato criptato.

La coppia di chiavi serve per rendere sicure e valide le transazioni, nonché a custodire in sicurezza le criptovalute.

Queste sono custodite nel Wallet ovviamente, nel portafoglio, e solo chi ha la chiave privata può accedervi.

Non esistono due chiavi private o due chiavi pubbliche uguali tra loro.

A tal proposito, che cos'è la chiave pubblica?

La chiave pubblica è un codice derivato dal codice della chiave privata attraverso una funzione crittografica.

Poiché la funzione è unidirezionale, non è possibile in alcun modo ottenere inversamente la chiave privata conoscendo solo la chiave pubblica.

Cosa si intende?

Se io dispongo della chiave privata posso creare la chiave pubblica, se invece io possiedo la chiave pubblica al contrario non posso risalire alla chiave privata.

Quindi se voi date la chiave pubblica a qualcuno non possono risalire alla vostra chiave privata, mentre voi con la vostra chiave privata potete risalire alla chiave pubblica.

Ma in soldoni che cos'è la chiave privata?

Lo spiegheremo dopo.

Adesso passiamo alla chiave pubblica.

La chiave pubblica è un codice alfanumerico (vedremo un esempio di codice alfanumerico a breve) che, come dicevamo, viene generato dalla chiave privata.

La chiave pubblica ha rilevanza soprattutto a livello di blockchain e crittografia.

Possiamo associarlo al numero di conto corrente, mentre l'indirizzo pubblico funziona come un IBAN.

È l'indirizzo che dobbiamo condividere con chi vuole inviarci criptovalute.

Il tuo conto corrente quindi è la chiave pubblica perché rappresenta quello che è visibile agli altri (ovviamente non a tutti ma a chi conosce quel dato codice).

Quindi se tu hai la chiave pubblica puoi vedere che cosa c'è dentro la chiave pubblica così come se tu conosci il conto corrente e lavori in banca puoi vedere che cosa c'è dentro. Diciamo quindi che la blockchain fa sì che tutti possano vedere il conto di tutti, naturalmente a patto però di conoscere la chiave pubblica.

Il tuo conto IBAN che cos'è?

È la stringa alfanumerica tramite la quale gli altri possono mandarti anche le criptovalute secondo le determinate blockchain supportate da ciascuna cripto.

Passiamo quindi alla chiave privata.

Se la chiave pubblica rappresenta il nostro conto corrente, la chiave privata a tutti gli effetti rappresenta le nostre criptovalute.

Le criptovalute contenute nel nostro wallet potranno essere recuperate esclusivamente mediante la chiave privata, e di conseguenza smarrendo quella verranno smarrite anche le nostre criptovalute contenute nel wallet perché non potremmo recuperare quest'ultimo.

Nel caso degli Exchange ovviamente le chiavi private non sono nella nostra disponibilità, da qui il rischio Exchange.

Possiamo dire quindi che la chiave privata è un codice alfanumerico unico, cioè stringhe di caratteri casuali generati matematicamente, e si può considerare come una password che dà accesso al proprio Wallet.

La chiave privata è richiesta anche come firma digitale e per confermare transazioni.

In questo modo solo chi possiede la chiave privata del wallet può autorizzare il trasferimento di criptovalute al wallet di qualcun altro.

Quindi con la chiave pubblica io vedo il conto di un'altra persona ma senza la chiave privata non posso dare imput di trasferire i soldi dal conto A al conto B.

Quindi la chiave privata è una stringa alfanumerica e sostanzialmente è più o meno come una chiave pubblica (la struttura è quella di una chiave pubblica).

Quindi le mie criptovalute sono la chiave privata...ma che ci faccio con questa chiave privata? Chi me la dà questa chiave privata?

In caso di deposito e di detenzione di criptovalute su Exchange noi non disponiamo delle chiavi private.

Di conseguenza, di fatto, le criptovalute non sono nostre.

Semmai noi possediamo un account all'interno dell'Exchange al quale vengono attribuite tot criptovalute in base alle nostre movimentazioni.

Diverso invece è il caso in cui noi decidiamo di creare un nostro wallet privato.

Di questo ne parleremo nelle prossime pagine, tuttavia sappiate che in questo caso disporremo delle chiavi private e di conseguenza le criptovalute saranno veramente nostre con tutti i pro e i contro del caso.

Come dicevamo, non c'è rischio Exchange ma in caso di passi falsi tecnici (es. se sbagliamo la procedura) nessuno ci restituirà il contenuto del nostro portafoglio.

Quindi dal lato tecnico è un rischio maggiore rispetto a quello dell'exchange, ma ovviamente nessuno potrà venire a toglierci le nostre criptovalute se non saremo noi a compiere degli errori (che siano tecnici oppure lato sicurezza).

Magicamente vedrete che alla creazione del Wallet, sia esso virtuale o fisico, ci verrà proposta una passphrase.

Che cos'è?

Una passphrase (seed) è una sequenza di parole inglesi generate casualmente (inglesi perché tutto sulle blockchain viene fatto in inglese generalmente).

Questa stringa di parole serve a generare e recuperare un wallet quando viene perso permettendo di impostare una sorta di backup.

Il seed è generalmente composto da 12, 18 o 24 parole. Quelli composti da 24 parole ovviamente sono più sicuri.

Solitamente il seed è composto da parole a caso, anche di uso comune, statisticamente impossibili da replicare senza conoscerle.

È praticamente impossibile quindi che qualcuno acceda al vostro seed per errore.

Quindi, ricapitolando, con il vostro seed sarete in grado in qualsiasi momento di recuperare il vostro wallet che rimane in rete.

Perdere il seed significa perdere le proprie criptovalute e ciò significa che non vi potete rivolgere ad un'assistenza clienti per recuperare la passphrase ma dovete tenerla a mente. Se perdete le vostre parole avete perso le vostre criptovalute.

Fondamentale è non dare le vostre parole ad altri, non dovete per nessun motivo cedere a questi scam.

Non dovete fornire il seed a nessuno, dovete conservarlo in un luogo sicuro e possibilmente separato, quindi non scritto tutto sullo stesso foglio.

Consiglio ulteriore: memorizzatelo.

Qualora dovesse succedere qualsiasi cosa al vostro foglietto o al vostro file nella testa non vi può entrare nessuno.

TIPOLOGIE DI WALLET

Cosa si intende per wallet?

In estrema sintesi il wallet, o portafoglio in italiano, è un contenitore privato all'interno del quale inserire le nostre criptovalute.

Perché privato?

Perché oltre a disporre delle chiavi pubbliche (l'indirizzo pubblico a cui inviare le cripto, in pratica l'IBAN nel nostro conto), disporremmo anche delle chiavi private, ossia della nostra password per accedere al portafoglio, e salvo nostri errori saremo gli unici a poter accedere al portafoglio.

Di conseguenza la responsabilità del wallet ricade solo ed esclusivamente su di noi.

In soldoni se perdiamo l'accesso al wallet, le password o il seed non potremmo prendercela con nessuno e non potremmo recuperare i nostri fondi.

In questo caso parliamo di wallet non custodial.

In pratica noi e solo noi deteniamo sia le chiavi pubbliche che le chiavi private, di conseguenza non diamo in custodia a nessuno le nostre cripto e, come detto, la responsabilità ricade tutta ed esclusivamente su di noi.

I wallet custodial al contrario sono ad esempio quelli degli exchange: noi abbiamo il nostro portafoglio ma all'interno (ad esempio) di un exchange come Binance.

Non disponiamo delle chiavi private del nostro wallet e di conseguenza, per capirci, se Binance fallisce o chiude il sito o entrambe le cose voi perderete le criptovalute.

Non potremo quindi accedere al nostro wallet perché è dato di fatto in custodia ad altri, (a Binance in questo caso).

Meglio custodial o non custodial?

Questo dovete deciderlo voi in base al vostro indice di rischio, confidenza in ambito tecnologico ed inclinazione personale.

Come già visto esiste infatti certamente un rischio exchange, così come esiste il rischio legato al Wallet non custodial.

Se sbagliamo un'operazione o dimentichiamo il seed perdiamo le nostre criptovalute per sempre.

Vi sarà sicuramente capitato di leggere articoli sensazionalistici dove c'è scritto "persi milioni di Bitcoin".

Cosa è successo a questi soggetti?

Hanno probabilmente comprato Bitcoin 10 anni fa per gioco, hanno dimenticato il loro seed e di conseguenza ora non riesco ad accedere ai loro bitcoin perchè hanno perso le loro password.

Da qui anche i milioni di Bitcoin che sono stimati come persi.

Ci sono 21 milioni di Bitcoin massimo come supply ma in realtà ce ne sono 4,5 milioni che sono andati persi.

Ecco, i persi sono questi.

Ogni cripto in realtà ha il suo wallet, spesso anche ufficiale (quindi andate sul sito ufficiale e trovate il wallet ufficiale da scaricare), ma chiaramente non è necessario avere un portafoglio per ogni cripto, sarebbe ottimale ma scomodo.

Ci sono anche wallet multicurrency (con più monete), quindi potete trasferire all'interno di questi portafogli praticamente tutte le vostre cripto.

Per rendervi più reale il concetto di wallet partiamo dai Cold Wallet, ossia wallet a freddo, in pratica gli Hardware Wallet.

Ricordo che la parola hardware rappresenta il componente informatico reale, (il PC ad esempio), mentre il software rappresenta in estrema sintesi i programmi virtuali che non si possono toccare.

I cold wallet sono spesso piccoli oggetti.

Un Ledger e un SafePal, sono ad esempio due hardware wallet.

Questi cold wallet sono utili a custodire le criptovalute.

Come le custodiscono?

Che vantaggio ho con un hardware wallet?

In breve, al momento della creazione del proprio Wallet il seed verrà creato off-line, cioè non in rete, e di conseguenza la sicurezza sarà maggiore perché il seed stesso sarà contenuto nell'hardware in vostro possesso, non "creato in internet".

Se quindi perdo la chiavetta hardware perdo le criptovalute?

Assolutamente no, perché la coppia di chiavi private e pubbliche che rappresentano il wallet viene generata tramite un algoritmo comune a tutti i wallet, semplicemente le vostre chiavi private (e ripeto rappresentate dal seed per comodità) saranno generate in locale e non on-line.

Tramite il vostro hardware andrete a firmare le transazioni, a confermare quindi la volontà di trasferire le criptovalute da un indirizzo a un altro.

Gli Hot Wallet invece vengono creati on-line e di conseguenza il seed viene generato tramite connessione internet, per semplificare.

Nulla di male, semplicemente la sicurezza è minore rispetto a un cold wallet.

Ma quale scegliere quindi?

Quale ì consiglio?

Personalmente io consiglio di detenere le criptovalute su un Hardware wallet.

Ripeto, sulla cosiddetta chiavetta viene conservata la chiave privata, le criptovalute non sono fisicamente sulla chiavetta.

Potete anche perderla infatti e comprarne una nuova, ripristinarla con seed e non perderete assolutamente niente.

Indubbiamente tutto ciò è comodo però se siete degli holder, e avete differenti cripto, sappiate che le microcoin non vengono sempre supportate da tutti gli hardware wallet.

Queste vengono create quotidianamente quindi non sono sempre aggiornate le applicazioni all'interno dei cold wallet perché all'interno del Ledger ci sono delle applicazioni una per ogni cripto sostanzialmente.

Se siete invece dei trader o dei semi holder un'hot wallet di qualità può andare più che bene, così come detenere una parte del capitale su exchange (ovviamente grossi e sicuri come Kraken).

Perché vi consiglio tutto ciò?

Perché comunque per fare compravendita si deve passare da un Exchange e di conseguenza non è comodo trasferire le cripto su un hardware wallet, tirarle via, rimetterle dentro.

Questo è comunque oneroso in termini di fee perché per ogni trasferimento dovete pagare i validatori di rete, quindi una piccola percentuale di quello che trasferite lo lasciate come fee appunto, come spesa per il trasferimento, e inoltre c'è comunque il rischio nel trasferimento perché potreste sbagliare.

È il caso quindi di evitare di fare questi movimenti continui dentro e fuori dall'hardware wallet.

In realtà in questo caso è meglio tenerli direttamente su un exchange.

Ogni wallet ha un rischio più o meno alto e variegato.

Da una parte con l'hardware il rischio è legato ai nostri errori, quindi ci sono degli errori tecnici che possiamo effettuare perché siamo sovrappensiero o perché facciamo un copia incolla sbagliato o perché siamo completamente impreparati a gestire un cold wallet e quindi sbagliamo.

Dall'altra parte ci sono i rischi exchange, ad esempio, perché in questo caso demandiamo a una società privata la gestione delle nostre cripto e quindi in caso di fallimento questa società si approprierebbe al 100% dei nostri fondi senza possibilità di riaverli indietro.

COME COMPRO / VENDO / TRASFERISCO LE MIE CRIPTO?

Questo capitolo riguarda l'acquisto e la vendita delle criptovalute e faremo un focus un po' più approfondito sul trasferimento delle criptovalute, quindi da un wallet a un altro (nel caso specifico vi spiego da Binance come si possono trasferire verso l'esterno).

Una volta entrati nella nostra pagina Binance andiamo nel wallet, “wallet spot”, dove non abbiamo nulla.

Se avessimo degli euro o della Fiat le vedremmo qui,

Sotto troviamo il saldo in criptovalute.

Ripeto, questo è un wallet custodial perché lo diamo in custodia a qualcuno, nel caso specifico a Binance.

Qui ci sono tutti i sotto wallet e a noi interessa questo principale ovvero il wallet per l’earn, cioè quello dello stacking o comunque di tutti i metodi di messa a rendita delle criptovalute. Qui c'è una panoramica overall.

Giusto per fare un refresh: per acquistare dobbiamo andare in trading avanzato.

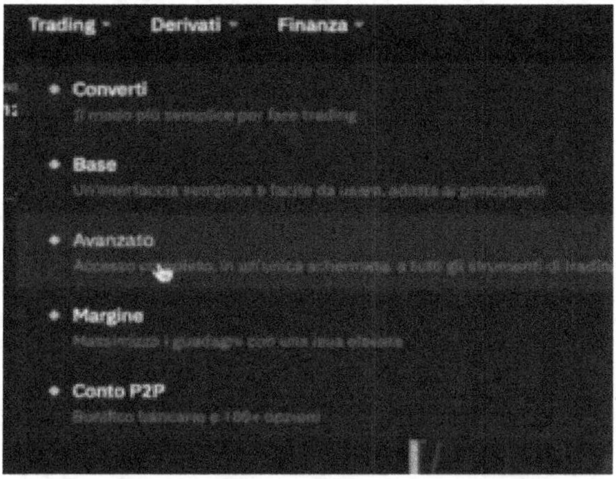

Sulla destra clicchiamo su compra, vendi, limite, mercato e stop loss sulla base delle operazioni che voglamo svolgere.

È notizia recentissima quella che sono cambiate le coordinate in euro del conto di Binance. Probabilmente si sono spostati dalla Gran Bretagna (uscita dall'euro) alla Lituania, quindi un'altra nazione all'interno dell'euro.

Andando su “wallet spot” e poi per depositare basta cliccare su deposita...

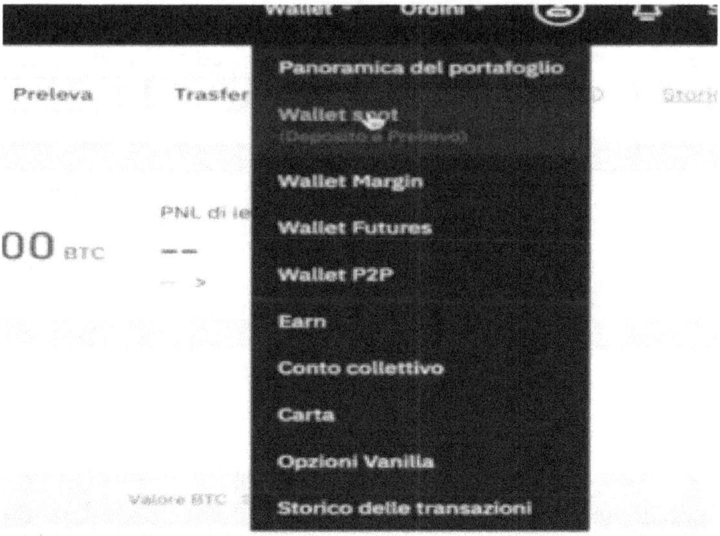

Poi si selezionate valuta.

Vi ricordo che il trasferimento deve essere fatto solo ed esclusivamente a vostro nome. Cliccate su bonifico bancario e, una volta fatta la verifica dell'identità, vi daranno quelle coordinate selezionando l'importo che volete depositare.

Ora vediamo come trasferire il denaro.

Questo è un concetto ulteriore, ovvero quello di trasferimento da un wallet a un altro. Ipotizziamo di voler depositare dei Bitcoin, quindi di voler ricevere dei Bitcoin su Binance. Come vedete Bitcoin ha varie reti:

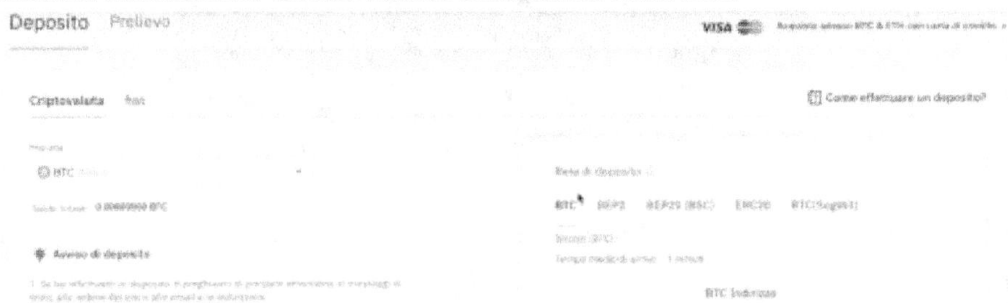

la rete Bitcoin, la rete BEP2, BEP20, ERC20 e BTC(SegWit).

Tutte queste sono varie blockchain, quindi potete selezionare appunto varie blockchain.

Per quanto riguarda il Bitcoin io vi consiglio Bitcoin SegWit ovviamente, soprattutto se li mandate dall'exchange al Ledger e viceversa.

Ricordatevi però che anche all'interno del Ledger dovrete selezionare i BTC(SegWit) e non BTC normale o ERC20 perché ERC20 ad esempio è la rete di Ethereum.

Quindi dovreste spostarvi sulla blockchain di Ethereum con delle fee anche più alte e una velocità inferiore.

BEP20 (BSC) sta per Binance Chain.

La Binance Chain è nata di recente, è una blockchain che sta prendendo molto piede e si basa appunto sull'ecosistema di Binance con BNB come coin principale che viene utilizzata per pagare le fee.

Sulla rete Ethereum le fee vengono pagate con Ethereum (il gas che quindi è una parte di Ethereum) e Bitcoin viene pagato appunto in Bitcoin.

In genere il prezzo su Bitcoin varia tra i 20 e i 30 dollari, dipende dal trasferimento. Ethereum potrebbe essere anche più alta, dipende poi dai momenti perché è molto soggetta all'intasamento di rete (quantomeno adesso prima che nasca l'Ethereum 2.0).

La Binance Chain è molto più economica ma è appena nata quindi è utile per spostarsi all'interno dell'ecosistema Binance oppure per utilizzare ad esempio TrustWallet che è un not wallet che è come se fosse di proprietà di Binance.

Quindi, se volessimo trasferire Bitcoin (in questo caso riceverli) potremmo selezionare Bitcoin(SegWit), copiare questo indirizzo che è la nostra chiave pubblica (il nostro IBAN) e quindi farci mandare i Bitcoin utilizzando la rete Bitcoin(SegWit).

Possiamo tranquillamente mandarci dal nostro hard wallet (del Ledger) al wallet di Binance perdendo ovviamente la proprietà intesa come chiave privata del nostro Bitcoin perché questo Bitcoin finirebbe in una piscina di Bitcoin (in una pool di Bitcoin) di proprietà di Binance che però ci viene attribuita secondo il nostro account.

Quindi, se noi mandiamo un Bitcoin, troveremo un Bitcoin meno le fee di trasferimento associate a noi nel nostro account, ovvero nel conto principale, però effettivamente saranno in un Wallet di proprietà di Binance.

Noi avremo il nostro account all'interno dell'interfaccia grafica di questo wallet che ci attribuisce (finché funziona ovviamente perché un domani potrebbe non funzionare più) questo Bitcoin.

Se volessimo prenderci indietro questo Bitcoin mentre il sito è down non lo possiamo fare. Se noi volessimo riprenderci il Bitcoin se Binance fallisce non lo possiamo fare.

Per Bitcoin quindi vi consiglio di utilizzare la rete Bitcoin(SegWit).

Analizziamo qualche altra cripto.

Ad esempio USDT è un caso emblematico perché per depositarli ci sono varie reti: BEP2, BEP20(BSC), ERC20, OMNI e TRC20. ERC20 (sta sempre per reti di Ethereum).

È molto importante sapere che ci sono degli hot wallet che lavorano proprio con token di Ethereum quindi si può trasformare anche delle cripto "normali", delle coin, in token di Ethereum per far sì che girino sulla rete ERC20 e possano essere utilizzate con un determinato wallet (es. MetaMask) che lavora esclusivamente con cripto ERC20 token di Ethereum.

La rete che vi consiglio di utilizzare per gli USDT (Tether) è TRC20.

Perché qui ci sono fee veramente limitate e in più è molto molto veloce.

ERC20 spesso si intasa mentre su Tron (TRC20 sta per rete di Tron, è una cripto che ha una sua rete) è veramente veloce, quasi immediato, e a costo zero.

Lì dipende dall'exchange se far pagare le fee o meno ma in genere sono zero, al massimo 1 dollaro, questo a prescindere dall'ammontare di dollari che vuoi trasferire.

In questo caso sono cripto con un valore ancorato al dollaro quindi delle stablecoin USDT.

Se invece vogliamo fare un prelievo, la cosa non cambia.

In questo caso dovete selezionare l'indirizzo del destinatario, quindi la chiave pubblica del destinatario la prendete dove prima era scritto "deposita".

Se dovete mandarli a qualcun altro dovreste copiare quell'indirizzo del "deposita" e incollarlo qui perché diventerà automaticamente il vostro indirizzo di deposito, ovvero dove mandarli.

Sotto ci sono le varie chain che sono le stesse che trovavate prima.

Praticamente la Binance Chain è l'evoluzione diciamo della BEP2.

Abbiamo poi Bitcoin ed Ethereum.

Qui Bitcoin e SegWit sono messe nella stessa categoria e poi sotto mettete anche l'importo di Bitcoin che volete prelevare.

C'è anche la gestione degli indirizzi dove potete registrare un indirizzo valido e appunto validarlo tramite sistemi di sicurezza (quale Google Authenticator e quant'altro) in modo che nessuno che può entrare all'interno del vostro account Binance in maniera fraudolenta, possa prelevare verso altri indirizzi se non quelli che avete registrato.

Una volta selezionato l'importo viene fuori sotto anche il costo per la transazione (in Bitcoin in questo caso), il destinatario riceverà questo importo.

Premete invio, dovrete inserire poi il codice a 6 cifre che vi verrà mandato via mail, il codice a 6 cifre che vi verrà mandato tramite SMS, se avete attivato tutto, e dovrete inserire anche le 6 cifre del Google Authenticator (sempre se avete abilitato tutti i controlli).

Idem ad esempio Tether: se andate a cliccare su "prelievo" anche qui dovete inserire l'indirizzo del destinatario e anche qui potete utilizzare ERC20 se avete selezionato dall'altra parte un indirizzo ERC20 di ricezione oppure Tron (TRX) se volete ricevere USDT su rete Tron.

Quindi vedete che qui su rete Tron per esempio la transazione costa 1 dollaro.

Se lo trasferite però su Tether, (OMNI), pagate 28 dollari, mentre su ERC20 pagate 20 dollari.

La Binance Chain è ancora più economica di tutte però non è supportata da tutti gli exchange e da tutti i wallet quindi è il futuro probabilmente ma ad oggi costa ancora tanto.

La Binance Chain quindi sta prendendo molto piede perché è molto più economica della rete di Ethereum però al momento per una maggiore diffusione conviene utilizzare TRC20 ovvero quella di Tron, quella che molti exchange hanno.

Binance Chain ce l'hanno in pochi.

Quindi, se ci sarà la possibilità di selezionare su due exchange o su due wallet la ricezione e l'invio su Binance Chain, consiglio di utilizzare quello, al contrario utilizzate per gli USDT ad esempio Tron o quella che vedete che ha delle fee più basse.

Ripeto, deve essere la stessa denominazione di blockchain (quindi ERC20, TRC20, BEP20) sia quando inviate che quando ricevete.

Se mandate Ethereum tramite ERC20 e li volete ricevere su BEP20 avrete problemi.

Se i Bitcoin li volete mandare tramite Binance Chain e quindi selezionate prelievo su Binance Chain però date un indirizzo di ricezione che è su ERC20, quindi su Ethereum, avrete problemi.

Probabilmente è possibile che scrivendo alle assistenze riuscirete anche a risolvere tale problema pagando una fee, una penale ulteriore dell'8/10% che quindi è anche abbastanza rilevante, ma innanzitutto non è detto che risolviate, e inoltre potreste perdete tutto.

State quindi molto attenti, utilizzate la stessa rete sia in selezione della chiave pubblica di deposito che di prelievo.

Mi raccomando, è molto importante.

È ancora più importante che selezionare la rete più economica, perché l'importante è che arrivino.

Chiaro, se poi prendete mano è meglio risparmiare.

Per quello che vi posso dire io ho sempre effettuato dei trasferimenti civetta iniziali prima di poi trasferire importi più alti.

Ipotizziamo di voler trasferire 10.000 USDT, quindi Tether.

Mando 10 USDT su rete TRX e pago 1 dollaro, fa niente, però provo.

Nel momento in cui vedo che funziona poi posso decidere se mandare gli altri 9.990 dollari in un unico trasferimento o in più trasferimenti, come mi sento più comodo, però dopo aver settato un primo trasferimento civetta.

Volete trasferire 5 Ethereum?

Bene, mandate 0,01 Ethereum.

Non fa niente che pagate le commissioni, non importa, avete testato il trasferimento.

Potete poi salvare gli indirizzi ma a volte gli indirizzi sugli exchange cambiano (gli indirizzi pubblici cambiano), quindi state molto attenti.

Questo è un classico esempio di rischio di errore tecnico.

Nel momento in cui uscite dalla vostra zona di comfort, che è l'exchange, dovete stare attenti. Se fate trading capite che, a parte dal corso delle fee, non conviene trasferire quotidianamente da una parte all'altra Bitcoin o altro.

Vi faccio presente che in sede di trasferimento ci vogliono delle conferme di rete, quindi chi valida i blocchi (coloro che validano le transazioni di rete a prescindere dalla rete che state utilizzando) deve fare determinate verifiche, quindi ci vorrà il suo tempo.

Per Bitcoin in genere in un'oretta viene fatto tutto, mentre Ethereum la tempistica può variare da pochi minuti a tante ore a seconda anche di quanto decidete di pagare.

Qui sugli exchange non c'è scelta, ma sui wallet personali potete decidere se pagare più o meno fee e quindi andare più o meno in coda.

Ci sono a volte delle transazioni che richiedono giorni e giorni quindi non vi consiglio mai di risparmiare sulle transazioni ma semmai scegliete la blockchain adatta.

Una volta effettuata la transazione, vi verrà dato un ID della transazione.

Ad esempio per Ethereum c'è Etherscan che è un sito all'interno del quale voi potete mettere l'ID della transazione, cliccate, entrate e vedete in che stato può essere la transazione.

Se voi riusciste ad entrare nella vostra transazione precisa vedrete quanto tempo ha richiesto e a che punto è.

Vedrete anche quanto è costato il gas price, cioè le fee di trasferimento convertite in Ethereum.

Questo è quello che è anche il potere della blockchain.

Potete vedere le transazioni di tutti.

Ovviamente non c'è scritto "Mario Rossi manda a Luca Verdi tot dollari" ma c'è scritto "indirizzo A va all'indirizzo B" quindi lo possono vedere tutti.

Quindi che cosa vi consiglio?

State molto attenti quando trasferite da A a B. Ripeto, è meglio una verifica in più, è meglio rischiare di pagare qualche fee in più per fare un tentativo civetta però fatelo.

Personalmente ogni volta che sposto cripto, se lo faccio dopo tanto tempo riprovo l'indirizzo con uno spostamento civetta e se sposto importi alti prima faccio un trasferimento civetta e dopodiché suddivido l'importo in varie transazioni.

Non importa che pagherò più fee.

Ad esempio se volessi trasferire 10 Bitcoin non trasferire mai 10 Bitcoin insieme o 9,99 Bitcoin perché 0,1 l'ho mandato come trasferimento civetta ma farei 3 transazioni da 3,5 Bitcoin oppure 10 transazioni da 1 Bitcoin oppure 2 transazioni da 5 Bitcoin.

Lì sta a voi decidere.

Potete anche farne una da 9,99 Bitcoin però (per come sono fatto io), per la possibilità che facciate un errore, vi consiglio di non risparmiare i 20 dollari ma di fare più transazioni possibili per stare più tranquilli.

Il segreto ovviamente è non movimentare quotidianamente da un Wallet all'altro perché è totalmente inutile.

Se pensate di dover fare delle movimentazioni così frequenti tenetele su Binance, tenetele su Kraken, tenetele dove volete ma non vi consiglio di trasferire le cripto con questa velocità. Anche perché poi le fee hanno tutto sommato un loro costo, soprattutto su Ethereum.

COSA È METAMASK E A COSA SERVE?

Parliamo ora di MetaMask.

Che cos'è MetaMask?

MetaMask è un hot wallet, quindi un wallet connesso ad internet con le chiavi private contenute nel wallet su internet e si basa esclusivamente sulla rete Ethereum.

Utilizza quindi come blockchain di trasferimento ERC20, ovvero i trasferimenti da rete Ethereum a rete Ethereum.

Per tutte le cripto che non sono propriamente su rete Ethereum, e che però possono essere trasformate in "token" della rete Ethereum, si può comunque selezionare la rete ERC20. Band Protocol ad esempio inizialmente era un token della rete Ethereum.

Ha fatto poi una rete di test (testnet), è andata poi live la mainnet cioè la blockchain vera e propria basata su Cosmos (cioè su un'altra blockchain e non quella di Ethereum), però sostanzialmente adesso Band Protocol ha una sua blockchain all'interno del quale gira l'oracolo.

Voi potreste comunque mandare su MetaMask i vostri band utilizzando sia in invio che in ricezione la rete ERC20.

Ovviamente la rete di Band è stata fatta separata da quella di Ethereum perché è più veloce almeno qui, però non è supportata da tutti quindi di conseguenza se volete utilizzare MetaMask lo potete fare ma utilizzando la rete ERC20.

L'homepage del sito MetaMask vi spiega alcune funzionalità.

Andrete poi a scaricare Metamask cliccando su "download".

Come funziona MetaMask?

Lo potete utilizzare o con Chrome (quindi come estensione di Chrome) o con IOS (quindi per dispositivi iPhone Apple, ovvero dispositivi cellulari o eventualmente i tablet, ma non per il computer, non sul Mac inteso come portatile) o con Android (anche qui cellulari e/o tablet).

Come si può fare per utilizzarlo su un computer?

Con Chrome e la relativa estensione.

Dovrai quindi cliccare su "Install MetaMask for Chrome" per aggiungere l'estensione.

Una volta scaricato MetaMask avrete la possibilità di scegliere tra due opzioni riportate sulla schermata iniziale.

Alla domanda "Nuovo su MetaMask?" voi potrete rispondere con "No, ho già una frase seed" oppure con "Si, iniziamo".

Che cos'è seed?

È praticamente la trasposizione in termini più semplici, quindi in parole, della chiave privata che sarebbe un codice alfanumerico unico...c'è solo quello.

Esiste uno ed un solo seed quindi per ogni chiave privata.

Noi però siamo nuovi quindi clicchiamo su "Crea un nuovo portafoglio".

Creerete poi una nuova password e vi sarà fornita una frase di backup segreta.

Questo è il seed, sono le parole che voi ovviamente dovrete segnare da qualche parte in modo che non siano presenti su dispositivi connessi a Internet.

Qui non fanno scegliere il numero di parole tra 12, 18 e 24 ma sono direttamente 12.

Il passaggio successivo poi vi chiederà di confermare la vostra frase di backup segreta.

Senza salvarla non potreste andare avanti perché giustamente è necessario essere certi che voi disponiate delle password per un eventuale ripristino.

Abbiamo infatti osservato precedentemente come è possibile anche ripristinare un MetaMask direttamente all'installazione dell'estensione.

Una volta inserite le 12 parole, avrete passato il test e potrete tenere il vostro seed al sicuro. Cliccando su"tutto fatto" si aprirà la finestra "lo scambio di token è qui".

Cliccate poi su “inizia a scambiare”.

Adesso semplicemente cliccando sull’estensione di Google Chrome vi comparirà il vostro wallet.

In questo caso c’è scritto “wallet non connesso” perchè non è stato ancora connesso a nessun exchange decentralizzato, tuttavia è connesso alla rete Ethereum principale.

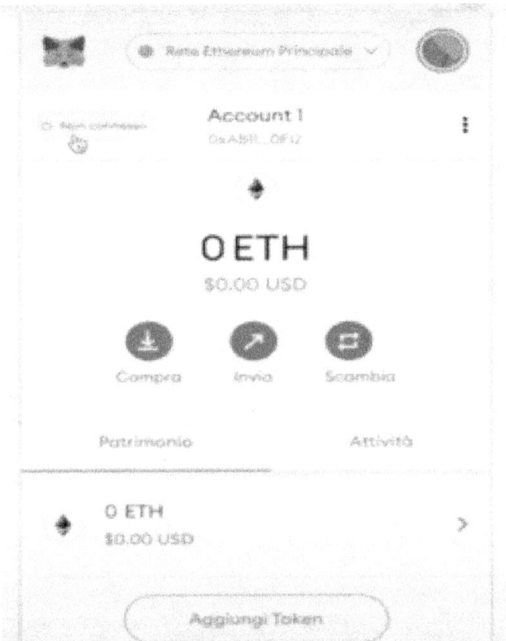

È riportata la vostra chiave pubblica, quindi il vostro numero di conto che corrisponde al vostro indirizzo di ricezione dei token.

Al momento disponiamo di 0 ETH.

Cosa possiamo fare?

Ad esempio, ipotizziamo di voler aggiungere la coin Mantra Dao.

Bisogna andare sul sito coingecko, cercare la coin e copiare il contratto Ethereum, (lo smart contact Ethereum).

Cliccate su “copy”, ritornate poi sull’estensione di metamask (la vedrete in alto sulla barra degli strumenti col simbolo della volpe, o anche cercando tra le estensioni scaricate), cliccando su “aggiungi token” (“token personalizzato” per sicurezza) e incollate.

Ora sotto ad ETH abbiamo anche OM.

Quindi se avessimo ricevuto degli OM e non li dovessimo trovare li troveremmo aggiungendo il token.

Io personalmente prima di ricevere una determinata criptovaluta su questo wallet aggiungo prima il simbolo qui sotto per sicurezza.

Come potete vedere quindi è molto semplice.

Mettiamo il caso che io voglia ricevere Ethereum: quando accedo a Binance seleziono rete ERC20 per inviare token Ethereum e me lo mando esattamente qui sopra.

Io quindi con quelle 12 parole potrei accedere in qualsiasi parte del mondo su qualsiasi dispositivo al mio wallet.

È tutto molto liquido, non esiste nulla se non le vostre 12 parole.

Voi potreste disinstallare tutto, reinstallare MetaMask fra 2 anni e vi trovereste le stesse criptovalute.

Ma la domanda che molti si staranno facendo è: è sicuro MetaMask o se fallisce l'azienda che c'è dietro succede qualcosa?

Tranquilli, perché trattandosi di uno Smart Contract è immutabile e di conseguenza non dipende poi da un'azienda.

Quindi state tranquilli, non è che può fallire MetaMask e voi perdete tutto perché MetaMask è comunque basato su un algoritmo standard.

In questo caso quindi inserendo questo codice all'interno della fase di prelievo su Binance, devo solo aspettare giusto il tempo dell'arrivo degli Ethereum (che è variabile a seconda dell'intasamento di rete), e mi troverei quindi un Ethereum (se per esempio se me ne fossi mandato uno).

È veramente semplice.

Per inviarli invece si mette l'indirizzo del destinatario, si seleziona l'importo, e poi si ha il costo di transazione.

Ethereum ha come difetto che i costi di transazione sono molto alti e soprattutto la transazione è molto lenta.

Consiglio personale: per qualche centesimo selezionate sempre veloce in modo che vi arrivino prima possibile.

Ovviamente se avete solo 5 ETH vi arriveranno 5 ETH meno questa frazione di fee da pagare per il trasferimento veloce.

Al contrario se avete 10 ETH e ne volete mandare solo 5 ne riceverete 5 e vi verranno sottratte dal residuo su MetaMask una parte di Ethereum per le fee.

Cliccando su "opzioni avanzate" potete modificare il prezzo del gas, cioè il prezzo della transazione in modo che più pagate, prima arrivano i token, (vi sconsiglio di toccare questi parametri, veloce sarà sufficiente).

Dovete sempre fare un tentativo prima di fare il trasferimento di importi alti e non trasferire mai diecimila dollari senza aver testato, soprattutto se si tratta di un portafoglio nuovo che magari non era stato inserito tra i recapiti validi sia per l'invio che per la ricezione.

Voi mi direte: ma io da qui come posso fare trading?

Spiegheremo tutto in un prossimo capitolo.

E' importante ricordare però che, come già spiegato, il trading conviene farlo all'interno degli exchange, fatto salvo che voi vogliate tradare delle criptovalute che non si trovano negli exchange perché sono probabilmente ancora troppo piccole e acerbe (con molto potenziale oltre che con molto rischio) e che quindi non sono ancora listate all'interno dei principali exchange perché ancora non hanno raggiunto la maturità tale da essere prese in considerazione o da avere i fondi per essere listati.

Cliccando nuovamente sull'estensione di Metamask su Google tornate sempre sulla vostra schermata.

Potete poi cliccare su "disconnetti" e senza problemi potete uscire.

Ricordatevi che al momento dell'accettazione di eventuali transazioni vi chiederanno la password selezionata in precedenza, quando vi siete registrati a Metamask.

Quando poi fatree un ripristino dell'account, quindi con il vostro seed, potrete scegliere un'altra password.

L'importante sarà conservare le 12 parole.

EXCHANGE DECENTRALIZZATI (DEX): DIAMO UNO SGUARDO A UNISWAP

Ora che abbiamo tutte le informazioni sugli Exchange, sui Wallet e anche su MetaMask, passiamo ai decentralizzati.

Che cosa sono i DEX ossia gli exchange decentralizzati?

Sono l'anello di congiunzione tra la decentralizzazione e gli exchange normali.

Quale era il difetto principale degli exchange (quelli intesi come centralizzati)?

Proprio la centralizzazione.

Per scambiare delle criptovalute dovevate affidarvi a un terzo soggetto, come Binance o altri, che quindi a quel punto detenevano le vostre criptovalute non dandovi la possibilità di disporre delle chiavi private.

I decentralizzati si pongono come obiettivo quello di rendere gli scambi peer-to-peer, cioè da persona a persona (in realtà ci sono delle piscine in cui alcuni soggetti depositano le loro criptovalute per avere delle fee e dei guadagni in cambio, per fornire liquidità gli altri).

In uno scenario ottimale, sarebbe "io do criptovaluta a te, tu dai criptovaluta a me, io ti do Bitcoin tu mi dai Ethereum" per fare un esempio.

Quindi io ti do Bitcoin e tu mi dai una stablecoin (in sostanza gli dai dei dollari).

Cosa dobbiamo fare per prima cosa?

Vedere se abbiamo MetaMask in questo caso.

Si possono utilizzare altri wallet?

Certamente, c'è TrustWallet (che tra l'altro è come se fosse di proprietà di Binance) e ci sono altri wallet però visto che abbiamo parlato di MetaMask utilizziamo questo.

Qual è il primo decentralizzato che vi viene in mente?

Uniswap.

Una volta aperto il sito ufficiale clicchiamo su “use Uniswap” ed ecco che arriviamo ad una schermata semplificata di quello che è lo scambio tra una criptovaluta e l'altra.

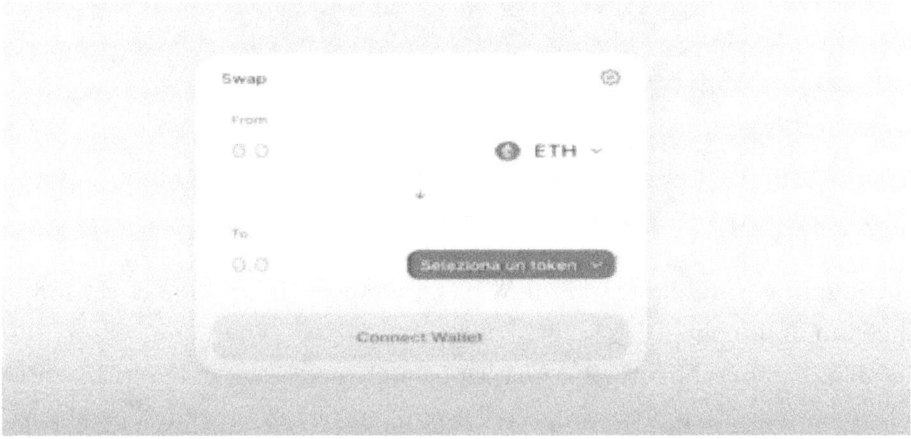

Cosa dobbiamo fare visto che i soldi/le criptovalute non sono su Uniswap ma sono nel nostro wallet (quindi in massima sicurezza finché non li scambiamo)?

Dobbiamo collegare il nostro Wallet all’exchange decentralizzato. Clicchiamo su “connect wallet”, poi su “MetaMask” e facilmente ci siamo collegati.

Ora, se aveste 10 ETH potreste scambiare 10 ETH con un'altra moneta.

È un passaggio velocissimo, semplice e molto più sicuro di Binance perché le criptovalute sono detenute da me con le mie chiavi private e le mie 12 parole.

Perché sconsigliare i decentralizzati?

Vedremo che ci sono delle controindicazioni ma iniziamo a fare degli esempi.

Abbiamo qui le versioni tokenizzate Ethereum di altre coin (qui è tutto su rete Ethereum e per questo viene utilizzato MetaMask).

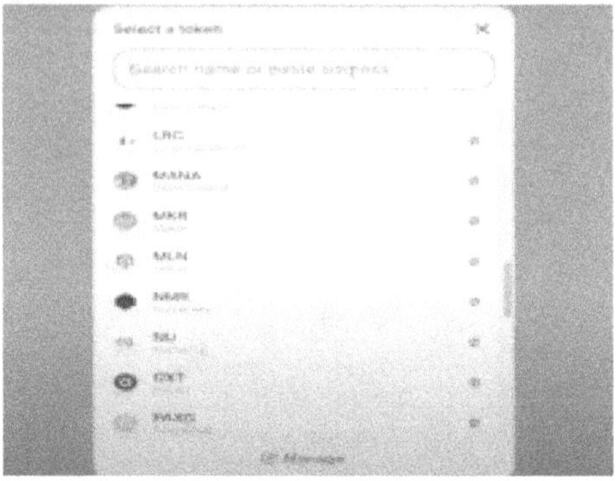

Ad esempio è possibile trovare il WBTC, wrapped BCT, cioè la versione su Ethereum di Bitcoin.

Ricordiamoci che Bitcoin è una criptovaluta perché ha una propria rete e di conseguenza non avrebbe necessità di essere spostata su Ethereum perché ha la sua.

Non è stata quindi creata su Ethereum, però c'è la possibilità di modificarla in "token" di Ethereum e scambiarla all'interno di questi decentralizzati.

Ora diciamo che vogliamo scambiare ETH per OM (Mantra Dao).

In questa lista OM non c'è, c'è solo LOOM, ma lo trova da importare.

Che facciamo quindi?

Per sicurezza al posto di cliccare su "import" andiamo su CoinGecko, scriviamo OM e una volta troviamo clicchiamo sul contratto.

Su MetaMask poi, incollando il contratto, comparirà esattamente la coin che vogliamo aggiungere.

Ora potremmo scambiare 1 ETH in 4.606 OM.

Questo è il prezzo in Ethereum perché qui, ripeto, è tutto basato su Ethereum e quindi il prezzo viene sempre ribilanciato in Ethereum.

Qui sotto potrebbe avvisarvi che potreste ricevere un ammontare di OM fino a 4.583 qualora la transazione dovesse andare a buon fine.

Questo perché uno dei rischi rispetto a un centralizzato è che in questo pairing tra ETH e OM ci devono essere almeno i fondi per coprire questo scambio.

Se compare la voce "insufficient ETH Balance" significa che non ho questo Ethereum, invece dovrei essere in grado di cliccare.

Viceversa basterebbe cliccare, mi si aprirebbe la schermata, metterei la password e mi darebbe la possibilità poi di procedere.

Le fee sono in genere alte.

In questo caso l'ultima volta che ho provato erano €50.

Se fate uno spostamento che prevede il passaggio da Ethereum a un'altra moneta a un'altra moneta ancora prima di acquistare la terza, ci sarà un passaggio intermedio quindi pagherete anche il costo del passaggio intermedio.

Cosa intendo?

Intendo che se da OM voglio comprare WBTC e non c'è la coppia OM-WBTC devo passare da OM a ETH e da ETH a WBTC.

(Ovviamente l'ho fatto in automatico selezionando OM e WBTC però le fee verranno pagate perché ci saranno più step di scambio).

Abbiamo poi anche "price impact": "the difference between the market price and the estimated price due to the trade size".

Sono dei costi, quindi pagherete lo 0,6% di fee più 0,03 Ethereum, ovvero quelli che vengono dati a chi appunto ha messo in questa piscina OM e ETH per permettere lo scambio.

Quindi io ti do questi token, tu li detieni, li fai scambiare, mi dai una parte delle fee e guadagni dallo scambio.

È per questo quindi che io li metto "a reddito" in questo modo.

Come posso fare a sapere se ci sono effettivamente fondi in questa coppia?

Clicchiamo su "view pair analytics".

Si apre un'altra schermata con scritto OM-ETH Pair.

Qui avete tutti i dati per capire se ci sono sufficienti fondi o meno.

Se i fondi ci sono potete procedere al cambio.

Ricordatevi che qui la virgola è quella che rappresenta poi i decimali, il punto non è la virgola italiana ma separa i numeri per chiarezza visiva.

Difetti?

Certo, ci sono dei difetti perché la transazione è più lenta e più costosa.

Potete rischiare che venga rifiutata qualora non ci fossero in quel momento i fondi per fare il trasferimento e non potete impostare un prezzo preciso a cui vendere.

Non lo potete fare perché ovviamente non avete lo strumento ma potete fare in tempo reale uno scambio e vi viene garantita una quantità che viene inserita ad esempio come "minimum received".

In questo momento stesso, se io eliminassi 1 ETH e poi lo rimettessi, il "minimum received" cambierebbe.

Questa è un'overview principale, potete un po' smanettare nel sito, però è questo quello che succede.

Nel momento in cui vi è permesso di eseguire lo swap, vi si aprirebbe MetaMask, vi chiederebbe autorizzazione e password, e prima di procedere vi farebbe vedere le fee che voi dovreste accettare.

Ovviamente dovete avere sempre ETH in portafoglio perché le fee vengono pagate con ETH, quindi se rimanete senza ETH non potete fare più movimentazioni.

Se volete poi comprare altre cripto senza il gas, quindi senza ETH, non potete fare nulla.

Se voi voleste vendere OM dopo averli comprati senza altri ETH, su questo decentralizzato non potreste farlo, dovreste ricaricare altri ETH all'interno di MetaMask e poi procedere con questo decentralizzato.

Al contrario cliccare su OM, fare "invia" e prelevarli all'indirizzo sempre ERC20.

Mi raccomando, tutto è ERC20.

Non potete inviare al di fuori della rete di Ethereum, quindi voi avete un singolo indirizzo che è quello Ethereum, il sistema capisce che questi sono token e ve li fa arrivare lì. Chiaramente se voi non avete aggiunto sotto il token, non potrete vederlo graficamente, però sapete che in realtà all'interno del vostro portafoglio lo vedrete sicuramente.

Come si fa nella pratica?

Potete copiare il vostro indirizzo, andare su Etherscan (sito per vedere le transazioni), incollare il vostro indirizzo nel sito e vedere il vostro portafoglio.

Potreste quindi avere sottomano tutte le vostre informazioni.

È questo quello che conta, non è la visualizzazione su MetaMask.

Tant'è che se voi reinstallate MetaMask, dovete ricaricare gli indirizzi dei token ma all'interno del portafoglio sulla rete voi li avete quei token, nessuno ve li può toccare (solo chi dispone del vostro seed).

È utile quindi questo sistema?

Sicuramente sì per le cripto piccole.

Quelle appena nate che non hanno i soldi per farsi listare e farsi pubblicità all'interno degli exchange principali o il progetto è così acerbo che bisogna un po' scommettere su di loro. Potresti per esempio trovare delle criptovalute che costano millesimi di dollaro e poi una volta sugli Exchange (come Binance) finiscono a decine di centesimi quindi potete fare dei gain infiniti.

Vi porto l'esempio di RIF: RIF prima dell'uscita pubblica si poteva acquistare a 0,015 € ed è arrivato a listaggio a valere 0,30 €.

Immaginate di disporre di un milione di pezzi e fatevi i conti per capire quanto potreste aver guadagnato con RIF o quanto potrete guadagnare con altre criptovalute di questo tipo.

ANALIZZIAMO TRUSTWALLET

Con questo capitolo diamo inizio a una trilogia di lezioni concatenate ma suddivise mediante le quali vi sarà spiegato come registrarvi a TrustWallet, come aprire un proprio wallet con TrustWallet, come utilizzare PancakeSwap (che è un sito all'interno del quale potete comprare e vendere delle criptovalute, ma è un Exchange decentralizzato molto di moda) e nella infine affronteremo poi Autofarm, che è un aggregatore di DeFi, cioè strumenti che possono permettervi di creare criptovalute con altre criptovalute.

Voi depositate X pezzi di criptovalute e queste producono degli interessi quindi "farmano" appunto, producono degli interessi (in questo caso passivamente).

Partiamo all'ora con l'installazione di TrustWallet che ricordo essere uno strumento praticamente di proprietà di Binance quindi assolutamente affidabile, proprio come MetaMask.

Una volta aperto TrustWallet cliccate su "crea un nuovo wallet".

Noi non abbiamo un wallet di TrustWallet, lo vogliamo creare.

Apparirà poi una schermata con scritto "Esegui il backup del tuo portafoglio adesso".

Ti sta dicendo che le parole che ti sta per fornire le devi salvare in un posto sicuro e quindi protetto dall'accesso di terzi.

Cliccate su "ho capito" e poi su "continua".

Il sistema genererà 12 parole associate alla vostra chiave privata e successivamente vi sarà chiesto di inserirle.

Ora il vostro portafoglio è stato creato correttamente.

È un wallet digitale, non un portafoglio fisico.

Siamo in un mondo digitale e dobbiamo abituarci alla forma mentis del portafoglio digitale che non è altro che un software all'interno del quale accedendo con determinate password e determinate chiavi private arriviamo ad avere le nostre criptovalute.

Qui abbiamo Bitcoin, Ethereum, BNB e BNB Smart Chain.

Piccolo consiglio: per lavorare su PancakeSwap e su altri DEX che lavorano su rete BSC dovete utilizzare BNB con simbolo giallo su sfondo nero.

Come si fa a spostare BNB su Smart Chain?

Cliccando su "ricevi" vi si aprirà una schermata con un QR code e la scritta "invia solo Smart Chain" quindi dovete mandare BNB sotto forma di rete BEP20.

Attenzione perché se sbagliate non li riceverete correttamente.

Lo stesso vale per Ethereum, la schermata vi dirà "invia solo Ethereum".

Ipotizziamo che voi voleste aggiungere qualche altro token, come per esempio XRP.

Voi lo selezionate e lo potrete mettere o togliere.

Che cosa permette di fare anche TrustWallet?

Permette di andare a fare la gestione di App, quindi permette di accedere ad altre applicazioni e sicuramente di fare un sacco di altre cose.

Vedete in alto il simbolo di Ethereum?

Ecco, cliccando su di esso e selezionando la Binance Smart Chain risparmierete anche tantissime commissioni.

Da lì vi consiglio di mettere BNB con l'icona nera, quindi dovete selezionare durante il trasferimento BEP20.

Un altro consiglio che vi do è che potete andare nel "cerca" e scrivere ad esempio, Autofarm. Automaticamente vi aprirà Google, troverete autofarm.network e da qua si accederà. Mediante la barra "cerca" avete quindi la possibilità di accedere ad altri siti, quindi non è detto che se non trovate la dApp sotto voi non possiate accedere al sito.

Mi raccomando, qualsiasi dApp o qualsiasi sito vi chieda il seed (ovvero le 12 parole segrete) non dovete mai fornirglielo.

Significa che probabilmente quell'applicazione o quel sito sono stati oggetto di hacking, cioè di attacchi di qualche male intenzionato che voleva modificare il programma per fare in modo che i dati degli utenti venissero rubati.

Guardate sempre l'indirizzo.

Noi sappiamo che il sito corretto è autofarm.network quindi se per esempio trovate autofarm.nets state attenti perché lì probabilmente avrete problemi.

ANALIZZIAMO PANCAKESWAP

In questa lezione andiamo ad approfondire e capire operativamente come si utilizza PancakeSwap.

Ma che cos'è PancakeSwap?

È un decentralizzato e uno dei primi, se non il primo, che opera su rete BSC BEP20 oppure Binance Smart Chain.

La Binance Smart Chain è quella chain che va ad ottimizzare il costo delle fee utilizzando BNB e non Ethereum.

Come possiamo accedere a quest'exchange?

Entriamo in TrustWallet e clicchiamo in "dAPPs".

Poi vi consiglio di andare nella sezione DeFi e direttamente in PancakeSwap, così da non dover inserire nessun link o indirizzo nella barra di ricerca rischiando di finire su un sito fake.

Adesso vi aprirà PancakeSwap.

In alto potrete vedere il sito, pancakeswap.finance, e sempre in alto cliccando sull'icona Smart Chain in questo caso potrete selezionare altre reti.

Noi siamo su Binance Smart Chain.

Questa che si è aperta è l'interfaccia grafica che ci permette di scambiare una cripto con un'altra.

È un decentralizzato come Uniswap.

Partiamo con ordine: ipotizziamo di avere ADA (Cardano) e volerlo scambiare con BUSD. Dovremo selezionare la quantità selezioniamo "connect" in alto a destra.

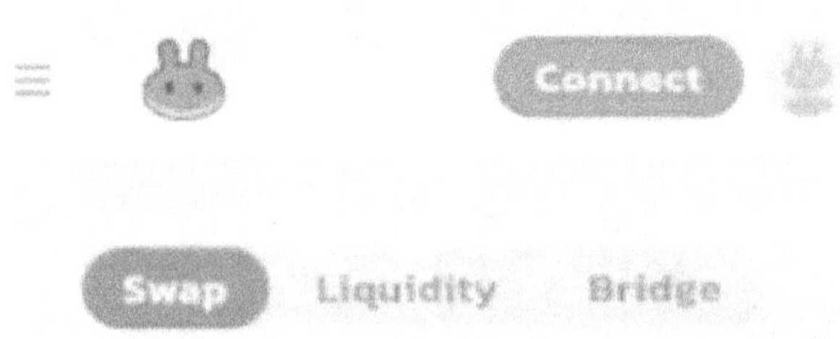

Connettiamo il nostro PancakeSwap a TrustWallet.

Ora in alto a destra apparirà l'indirizzo nel nostro TrustWallet.

Abbiamo quell'indirizzo che ci rappresenta sulla blockchain.

Se avessi 1 ADA mi darebbe 1,36 BUSD.

Il minimo che mi garantisce la rete è 1.357 con un impatto del prezzo dello 0,27% e coloro che tengono in liquidity ADA e BUSD prenderebbero quella fee sotto riportata pari a 0,007481.

Che cos'è quindi la voce liquidity?

In pratica voi potete anche fare da fornitori di liquidità, cioè fornire al sistema ad esempio dei BUSD in coppia con ADA (per esempio).

Quindi voi potreste fornire queste due cripto e ricevere un token LP liquidity provider che vi garantisce per il fatto che avete fornito tot cripto divise in ADA e BUSD.

Vedremo poi in Autofarm come possiamo utilizzarle perché vi consiglio di utilizzarle eventualmente in Autofarm.

State sempre attenti perché quando voi fornite la liquidità non c'è nessuno che garantisce che voi state fornendo quella liquidità se non degli smart contract, quindi non c'è un intermediario.

Di conseguenza se lo smart contract dovesse avere dei bug, quindi dovesse essere scritto male o quant'altro, rischiereste di perdere i vostri asset e nessuno li potrebbe recuperare. Quindi state molto attenti a queste operazioni.

Ricordatevi, liquidity provider e state attenti perché il prezzo degli asset che voi andate a fornire è variabile.

Nel caso del BUSD in genere è ancorato al dollaro, ma nel caso di Cardano noi abbiamo visto ADA che valeva 1,36 ma che potrebbe domani valere 1,45.

Ecco, il liquidity token poi andrebbe a riequilibrare il prezzo perché deve essere metà in BUSD e metà in ADA quindi state attenti perché nel momento in cui fornite questi asset se uno dei due scende di prezzo inizia a essere un po' un problema perché effettivamente potreste andare a perdere il controvalore in valuta Fiat.

Questo è chiaro perché sapete che se scendono di prezzo scendono anche ovviamente i controvalori in valuta Fiat.

Come possiamo fare a trovare una moneta che però non è presente nell'elenco?

A volte non ci sono tutte le monete.

Adesso, per esempio, Safemoon va molto di moda.

Se voi lo cercate ve lo trova e vi avvisa che dovete mettere anche lo slippage tollerance al 12%.

Questa è la tolleranza del prezzo, quindi voi dovete essere disponibili ad accettare che il prezzo possa a variare del 12%.

Se non mettete il 12% non ve lo fa fare perché probabilmente è un token così piccolo che se non mettete una tolleranza ampia non riuscite a scambiare mai perché ci deve essere qualcuno che sia disponibile a vendere, e se vuoi in quel momento selezionate un range di prezzo troppo piccolo non vi fa fare l'operazione.

Cliccate quindi su "I undestand" e andiamo poi a vedere come si cambia lo slippage.

La schermata poi vi indica le varie percentuali e dovreste andare a scrivere 12% se voleste scambiare questa moneta.

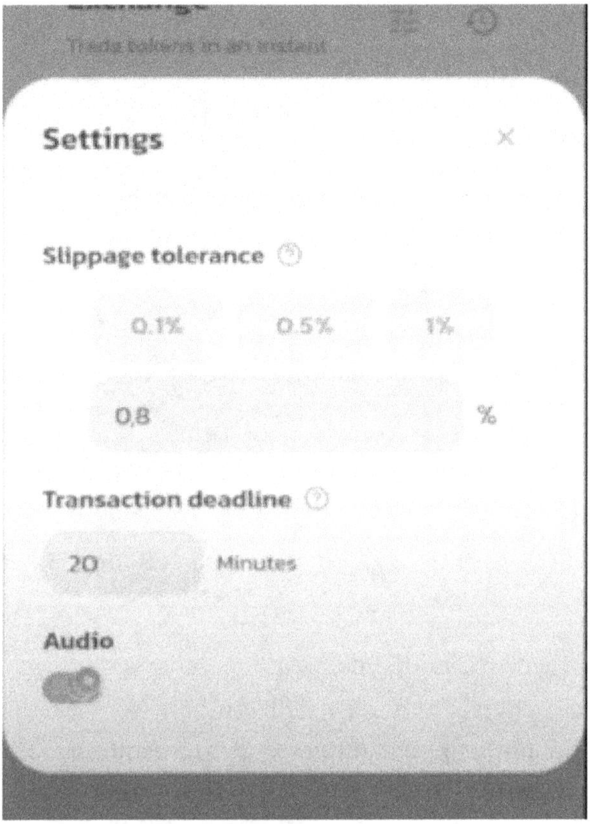

Se non troviamo la moneta cosa facciamo?

Proviamo per esempio a cercare Osaka.

In questo caso sarebbe molto semplice: basterebbe andare su CoinGecko come abbiamo fatto su Uniswap, copiare il contratto e metterlo qui dentro.

Vedrete come per magia la coin, dovreste cliccare su "accetta", aggiungerla all'elenco e l'avreste quindi sotto in elenco.

Quindi se dovessi trovare nuove cripto on-line sicuramente le potrei aggiungere inserendo il contratto nella barra di ricerca, molto semplice e intuitivo.

In alto a sinistra troverete anche altre voci di PancakeSwap che servono per mettere delle cripto a maturare interessi o a metterli in coppia con altre cripto per fornire liquidità al sistema e poi prendere parte degli interessi.

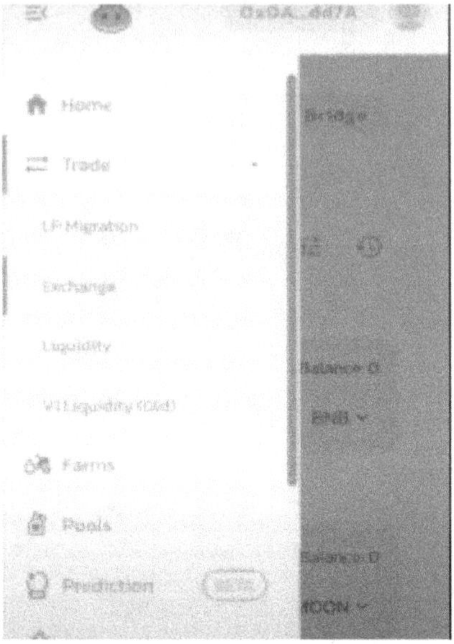

Quindi ci sono varie voci, studiatele.

Non vi faccio adesso un'analisi delle singole voci perché oltre a essere probabilmente un po' troppo complesse al momento sarebbe anche inutile perché quotidianamente queste voci cambiano, quindi non ha alcun senso andare ad analizzarle oggi se poi un domani probabilmente non le trovereste neanche più lì.

Succede spesso, ci sono addirittura anche delle lotterie dove comprare dei biglietti e potete vincere dei cake.

Ricordo che all'inizio costavano 10 cake a biglietto, adesso non più.

Bisognerebbe fare anche qui la proccedura di cui vi parlavo prima "connect", e poi connettete.

Ricordatevi inoltre che tutte le transazioni vengono pagate in BNB quindi è possibile che più volte vi venga richiesto di pagare qualche decina di centesimo in BNB.

Dovete sempre avere BNB.

BNB che va su Smart Chain, e ricordatevi di mandarli su rete BEP20.

Il concetto di fondo è che voi potete andare su "exchange" per fare lo swap, "liquidity" per fornire liquidità al sistema, e nel prossimo paragrafo vedremo cosa fare eventualmente con questi liquidity token.

ANALIZZIAMO AUTOFARM

Abbiamo visto come si apre un wallet su TrustWallet, abbiamo visto poi come si utilizza PancakeSwap e adesso vedremo come funziona Autofarm.

Che cos'è Autofarm?

È un aggregatore di questi servizi di farming diciamo, di creazione di interessi passivi depositando le proprie criptovalute.

Come si deposita della liquidità per poi accedere a questi interessi passivi e quali sono i rischi di quest'operazione?

Prima cosa, ipotizziamo di voler depositare una coppia di criptovalute.

Le criptovalute si depositano sempre a coppia perchè quando qualcuno vuole fare uno scambio da una cripto all'altra, deve avere della liquidità in sistema per poter poi effettuare lo scambio.

Chi fornisce la liquidità al sistema se decentralizzato?

Sono gli utenti stessi che poi guadagnano per aver depositato questa liquidità e averla messa a disposizione degli altri per poter fare questi swap, questi scambi di criptovalute.

Ipotizziamo poi di volerl collegare BUSD con ADA (siamo sempre su pancakeswap.finance).

Vediamo che se volessimo fare uno scambio dovremmo selezionare, per esempio, 100 BUSD e mettere questi 100 BUSD insieme a 74.3861 ADA.

Questo perché?

Perché 74.3861 ADA valgono 100 BUSD quindi il paragone deve essere fatto con l'altra moneta della coppia, quindi il valore deve essere suddiviso al 50%.

Ovviamente un domani considerate che ADA potrebbe valere di meno o di più, di conseguenza non riceverete lo stesso numero di asset indietro perché verrà suddiviso a metà il valore del LP token.

Cioè, adesso creerete un token (creerete un'altra "riga"di ciò che possedete) che si chiamerà BUSD-ADA LP.

Andate quindi a creare un token che è la somma di BUSD e ADA e quindi la suddivisione del valore di questo token sarà 50% BUSD e 50% ADA.

Se domani ADA dovesse raddoppiare il valore, nel momento in cui andrete a sbloccare quel token LP per risuddividerlo in BUSD e ADA, otterrete una quantità diversa di BUSD e di ADA perché ovviamente ADA varrà di più.

Il discorso quindi è questo: sicuramente non è non è possibile calcolare il prezzo futuro di queste criptovalute, salvo voi non mettiate in coppia (quindi non mettiate in token LP) ad esempio BUSD-USDT LP.

Quindi voi creerete un token LP dal valore dato dalla metà di BUSD e dalla metà di USDT. In quel caso, essendo stablecoin non ci sarebbero grossi problemi perché le variazioni di prezzo sono minime.

Ora, ipotizziamo di voler creare questi token quindi creeremo un token BUSD-ADA LP. Dovremmo cliccare su "insufficient ADA balance", ci verrebbero chieste delle fee, faremmo un'altra operazione (bisogna fare più di un'operazione) e poi una volta che lo smart contact di PancakeSwap da l'ok, noi disporremmo di questi token LP.

Cosa ci facciamo con questi token LP?

Potremmo uscire da Pancake Swap, scrivere "Autofarm" su Google e cliccare sulla prima voce (autofarm.network).

Per prima cosa poi dobbiamo andare su rete Binance smart chain mentre come seconda cosa dobbiamo cliccare su "connect wallet", ovvero dobbiamo collegare Autofarm al nostro wallet.

TVL indica la quantità di liquidità che c'è dentro Autofarm.

È importante che ci sia un'alta liquidità perché in questo modo significa che c'è tanta gente che sta fornendo le proprie criptovalute al sistema e quindi c'è la possibilità poi di andare a comprare e vendere effettivamente o di riappropriarsi delle proprie cripto.

Qualora un giorno dovesse esserci un hacking del sito, quei soldi potrebbero sparire, ovviamente finire nelle mani di malintenzionati, oppure immaginate di venire a conoscenza di una notizia con cui Autofarm verrà oscurato dai siti internet e tutti vanno subito all'interno di Autofarm a prelevare i propri soldi.

Prima o poi finiscono e qualcuno potrebbe rimanere col cerino in mano.

Quindi state molto attenti perché bisogna veramente utilizzare un criterio di massima sicurezza.

In questo caso potete osservare un elenco di coppie e trovare a destra le percentuali di ritorno.

Alcune percentuali sono molto alte.

Creano complessità quotidianamente quindi è difficile stare aggiornati con tutto.

BANANA-BUSD LP (per esempio) ha delle percentuali folli, però BANANA bisogna stare attenti perché bisognerebbe andare capire che token è.

Magari il giorno dopo BANANA passa da $1 a $0,1 e quindi potete avere delle percentuali altissime ma non ottenete niente.

Comunque, immaginiamo di avere creato su PancakeSwap BANANA-BUSD LP.

Cliccando apparirà il nostro saldo che comunica col nostro TrustWallet, quindi quello che abbiamo fatto in Pancake viene importato qui.

Potremmo fare max, cioè vedere il nostro numero di BANANA-BUSD LP token, ovvero la somma di BANANA e BUSD messi in liquidity provider, li ritroveremo qui a faremmo "deposit".

Automaticamente Autofarm genererà anche una piccola parte di token auto

Ovviamente ve ne genera una piccolissima parte in funzione di quanto voi avete depositato come token LP.

Vedrete poi quindi salire di una buona percentuale giornaliera i vostri token LP.

Quindi non vi daranno soldi ma vi daranno altri token LP che poi dovrete andare su PancakeSwap a risbloccare e separare nelle due criptovalute originarie.

Una volta sbloccate e pagate le commissioni (vi ricordo dovete pagare le commissioni per qualsiasi operazione) dovrete fare semplicemente "withdraw", "harvest" per quanto riguarda AUTO rewards (significa raccogli, quindi fai il raccolto degli interessi), e una volta fatto questo automaticamente potreste tornare su PancakeSwap, andare sulla voce "liquidity" e sbloccare quei token LP.

A quel punto avreste i token LP iniziali più quelli generati quotidianamente e dovrete poi separarli dai token iniziali, in questo caso BUSD e ADA e nel caso che abbiamo visto per Autofarm BANANA e BUSD.

Potreste poi tornare sull'exchange, e scambiare quelli con quello che volete voi.

Io in passato ho usato la coppia BDO-BUSD.

BDO veniva dichiarata come una cripto che era più o meno una stablecoin.

In questo caso valeva tra $1,10/1,20, a volte $1,30, a volte $0,97.

Creando una liquidity di questo tipo quindi si poteva poi andare su Autofarm e trovare la coppia BDO-BUSD.

Io fornivo questa liquidità e la percentuale era molto buona ma il problema era quello che non è vero che BDO valeva $1 o comunque si muoveva all'interno del dollaro, (molti lo definiscono para stablecoin, cioè più o meno all'interno del dollaro).

State molto attenti a queste definizioni, a queste credenze popolari, perché BDO qualche giorno fa valeva $0,32.

Quindi pagando $1,20 e vendendo a $0,32 avreste avuto una perdita non indifferente anche se nel frattempo avete guadagnato l'1% al giorno.

Quindi alla fine il risultato è una perdita rilevante.

Il TrustWallet quindi è uno strumento molto comodo per detenere le vostre criptovalute.

E' come MetaMask però qui lavoriamo principalmente su rete Binance chain, rete più veloce e rete più economica.

CAPITOLO 7

IMPERMANENT LOSS: COSA È?

L'impermanent Loss, è la perdita impermanente.

Abbiamo visto nelle precedenti lezioni come mettere in liquidità le cripto che abbiamo, e quindi fornire liquidità per guadagnare delle commissioni di rete.

Ecco, entriamo un po' nello specifico e vediamo quali sono i rischi nel fare quest'operazione.

La perdita impermanente si verifica quando nel momento in cui si fornisce liquidità a una pool di liquidità, e il prezzo degli asset cambia rispetto al momento in cui li hai depositati. Più grande è questo cambiamento più si è esposti alla perdita impermanente.

In questo caso, la perdita significa valore in dollari più basso al prelievo rispetto al valore al momento del deposito.

Quindi voi depositate una cifra e ne ricevete un'altra più bassa dopo aver fornito liquidità ai DEX (per esempio quelli che utilizzano la nostra liquidità per permettere gli scambi tra le persone e durante questi scambi ci sono delle commissioni e voi, avendo fornito liquidità al sistema, ricevete una parte di queste commissioni).

Le pool che contengono questi asset che restano in un range di prezzo piccolo saranno meno esposte alle perdite.

Le stablecoin differenti di una monetaa o le versioni wrapped, cioè le versioni che ad esempio portano i Bitcoin che hanno propria blockchain a girare su Ethereum (quindi un Bitcoin wrapped, ovvero ricoperto per stare sulla rete Ethereum), rimarranno in un range di prezzo relativamente limitato.

Quindi, se voi forniste due stablecoin in coppia sapete che il prezzo delle stablecoin più o meno è uguale.

Quindi il token LP sarebbe più stabile perché se io fornisco 1 BUSD (il dollaro di Binance) e 1 USDT (un Tether) e quindi fornisco un token che include 1 BUSD + 1 USDT, il prezzo può variare ben poco perché sono due stablecoin e quindi il prezzo stesso cambia nell'ordine di frazioni di punti percentuali, quindi uno 0,01.

Quindi gli interessi che andremo a prendere in genere sono molto superiori alle variazioni di prezzo.

Chiaro che gli interessi che vengono dati su questo tipo di token, cioè sugli stablecoin, sono bassi perché giustamente non c'è rischio, quindi meno rischio meno reward (ricompensa).

La domanda è: perché i fornitori di liquidità continuano a fornirne se sono esposti a questo rischio?

Diciamo che la perdita impermanente può essere controbilanciata dalle commissioni di trading.

Come dicevamo prima, riceviamo una parte di quelle che sono le fee di rete.

Uniswap (per esempio) applica una commissione dello 0,3% su ogni operazione, costo che va direttamente ai fornitori di liquidità.

Nel caso in cui una data pool ha un volume di trading elevato, può essere redditizio fornirvi liquidità anche se la pool è parecchio esposta alla perdita impermanente.

Questo, tuttavia, dipende dal protocollo, dalla pool specifica, dagli asset depositati e persino dalle condizioni del mercato in generale.

Come avviene la perdita impermanente?

Facciamo un esempio: Carmela deposita 1 ETH e 100 DAI.

DAI è una stablecoin decentralizzata, quindi un po' più sicura perché non è detenuta da un organo, da un'azienda o quant'altro, però se i sottostanti cambiano sulla rete potrebbe subire delle variazioni un po' superiori rispetto a quelle di USDT, BUSD, eccetera.

BUSD ad esempio è quella di Binance: se Binance ha un problema la stablecoin di Binance non vale più niente.

Questo è il concetto di centralizzato e decentralizzato.

DAI è decentralizzato, BUSD è invece centralizzato.

Quindi più dipendente da Binance ma se Binance non ha problemi, le variazioni sono minime.

In questo particolare Dex dove andiamo a depositare questi 100 DAI e 1 ETH la coppia di token depositati deve avere un valore che si equivale.

Ciò significa che il prezzo di 1 ETH è 100 DAI al momento del deposito.

Inoltre il valore di deposito in dollari equivale a $200 perché è dato dalla somma di 1 ETH (che abbiamo detto vale $100) e 100 DAI (che valgono $100).

Nella Pool troviamo un totale di 10 ETH e 1.000 DAI, quindi Carmela ha una quota del 10% sulla pool.

Supponiamo che ETH salga a 400 DAI, $400.

Mentre tutto ciò avviene, i trader che sfruttano l'opportunità di arbitraggio (possibilità di spostare da una parte all'altra i token) aggiungeranno DAI alla pool e ne rimuoveranno ETH finchè il rapporto riflette il prezzo corrente.

Se ETH ora vale 400 DAI, $400, il rapporto tra la quantità di ETH e DAI della pool sarà cambiato.

Ora ci sono 5 ETH e 2.000 DAI nella pool grazie all'arbitraggio dei trader.

Perché?

Perché prima 1 ETH valeva 100 DAI e adesso vale 4 volte, quindi si devono riequilibrare gli importi di ETH e di DAI.

Quindi Carmela decide di prelevare i suoi fondi.

Come abbiamo menzionato prima, ha diritto a una quota del 10% sulla pool.

Di conseguenza può prelevare 0,5 ETH e 200 DAI per un totale di $400.

Ha così realizzato dei profitti considerevoli dato che il deposito di token valeva $200...ci siete?

Ma cosa sarebbe successo se avesse semplicemente conservato i suoi 1 ETH e 100 DAI?

Il valore in dollari combinato di questi asset (cioè la somma di 1 ETH che vale adesso 400 + 100 iniziali che aveva) arriverebbe a $500.

In pratica, se avesse tenuto da parte 1 ETH avrebbe guadagnato più dalla crescita di ETH che dall'averli messi in liquidità.

L'esempio non considera che ci sono poi delle fee di liquidità che vengono fornite in percentuale a coloro che detengono una parte della pool.

Potrebbe sembrare complesso tutto questo ma il discorso deve essere chiaro.

Se voi mettete in liquidità, quindi LP liquidity token, una coppia o più di asset/cripto cosa succede?

Succede che se il valore di uno o più di questi asset cambia, quando voi andare a prelevare non prelevate la stessa quantità di quegli asset che avete depositato.

Quindi in questo caso andate a prelevare meno Ethereum di quelli che avevate.

Se avete 1.000 USDT e 1.000 BUSD, anche se poi ritirate 1.100 USDT e 920 BUSD la somma è quella più o meno perché parliamo di dollari, di stablecoin.

Quindi se voleste ritirare il vostro ETH non lo potrete più prelevare perché avrete un controllo che è maggiore in DAI ma inferiore in ETH.

Starà a voi la scelta del fornire liquidità o meno.

Queste sono operazioni in genere molto rischiose che io consiglio di fare per un periodo limitato di tempo, soprattutto se le percentuali sono molto alte e non state utilizzando le stablecoin.

Attenzione anche ai siti dove depositate perché, un conto è depositare su Binance che vi dà il 10/12% (rischioso fino a un certo punto perché Binance fa da garante e quindi fintanto che Binance è a posto non perderete nulla).

Se voi depositate su Autofarm (per esempi), se lo smart contract è fatto male potreste perdere i soldi quindi c'è il rischio dell'impermanent loss.

La perdita impermanente qui su Binance viene descritta come una perdita permanente perché una volta che voi prelevate questi fondi avrete 0,5 ETH e non 1.

Quindi, state molto attenti a quello che fate.

È giusto conoscere questi concetti ma utilizzate sempre la testa.

Un grande guadagno oggi può essere una grande perdita domani o un azzeramento del capitale.

Quindi se volete fare operazioni speculative con una piccola parte del vostro portafoglio ok, altrimenti se rischiate una grande parte del vostro portafoglio considerate che potreste perder soldi.

COIN BURN: DI COSA SI TRATTA?

In questa lezione andremo a vedere che cos'è il Coin Burn.

Burn significa bruciare.

Il processo di coin burning ha come obiettivo la rimozione definitiva di una moneta dalla circolazione riducendo la fornitura totale.

Significa ridurre la supply totale.

Per spiegare come funziona useremo BNB come esempio.

Binance effettua eventi di coin burn periodici attraverso l'uso di una funzione smart contract conosciuta come "burn function".

Gli eventi di coin burning di BNB sono programmati per ogni trimestre fino a quando verranno eliminati 100 milioni di BNB, somma che rappresenta il 50% dei BNB totali emessi (200 milioni).

Inoltre il coin burning in questo caso fa dimezzare la disponibilità di BNB.

BNB vi ricordo che è utilizzato per le fee della Binance chain e le fee di Binance stesso quindi, cercate di immaginare l'importanza della diminuzione della supply di questa criptovaluta.

Il numero di monete di BNB da eliminare è basato sul numero di operazioni eseguite sull'exchange nell'arco di 3 mesi.

Quindi al termine di ogni trimestre, Binance distrugge BNB in base al volume di trading complessivo.

Nonostante ciò, sembra che un gran numero di persone non comprenda ancora come avvengono i coin burn (e siamo qui apposta per capirlo).

Sostanzialmente un evento token burn avviene nel seguente ordine.

Per prima cosa un possessore della moneta richiama la funzione burn, dichiarando quindi di voler "bruciare" una determinata somma di monete.

Il contratto del token verifica che questa persona abbia realmente le monete nel proprio wallet, oltre a controllare che non abbia dichiarato un numero non valido come zero oppure -5.

Sono ammessi solo numeri positivi.

Se la persona non possiede monete sufficienti o se il numero dichiarato non è valido, il burn non verrà eseguito.

Se invece ne possiede abbastanza le monete verranno detratte dal wallet.

Successivamente la fornitura totale della moneta verrà aggiornata e le monete verranno eliminate.

Eseguendo la funzione burn, le monete dichiarate vengono eliminate e diventano irrecuperabili.

Un possessore della moneta richiama la "burn function", affermando di voler bruciare una determinata somma di monete.

Il contratto del token verifica che questa persona abbia effettivamente le monete nel proprio wallet e che il numero dichiarato sia corretto.

Sono ammessi solo numeri positivi.

Come abbiamo detto zero, -5 e -10 non sarebbero numeri validi.

Se la persona non possiede monete sufficienti o se il numero dichiarato non è valido la funzione di burn non sarà eseguita.

Se invece ne possiede a sufficienza, le monete verranno sottratte dal loro wallet.

In seguito la fornitura totale della moneta sarà aggiornata e le monete saranno distrutte.

Se esegui la modalità di burn function queste verranno distrutte per sempre.

È impossibile recuperare le monete dopo un burn.

In altre parole il contract di BNB ha una funzione conosciuta come burn function, disponibile a tutti in qualsiasi momento.

Richiamando questa funzione, è possibile rimuovere definitivamente una determinata somma di monete della circolazione.

Tutti i coin burn sono registrati come una transazione sulla blockchain quindi sono trasparenti al 100% e tutti possono verificare che le monete sono state distrutte.

Subito dopo l'esecuzione del coin burn trimestrale, Binance rilascia un annuncio, specificando il numero di monete BNB che sono state distrutte in base al volume di trading del trimestre.

Il prezzo di BNB era molto basso anni fa e invece adesso è salito e nel tempo è arrivato fino a $600/700.

Dove voglio arrivare con il coin burn?

Sicuramente nel caso di BNB, se riducete la circolante, i token che sono ancora in circolo valgono di più.

Quindi BNB continua a prendere valore perché l'utilizzo è sempre maggiore e perché ce ne sono sempre di meno.

A questo punto cosa si può concludere?

Si può concludere che negli eventi di coin burn il prezzo tende a salire.

Ciò significa che se si iniziano ad avere dei rumors su determinate cripto circa l'eventuale burn è probabilmente un buon momento per acquistare quella criptovaluta.

Ovviamente alla news vera e propria probabilmente il prezzo esploderà, ma lì sarà da vendere e non da comprare (di solito si dice "buy the rumors and sell the news").

Ovviamente tutti questi non sono consigli finanziari, però è giusto che voi sappiate che la circolante e quindi la supply totale possono essere modificate da questi particolari eventi di coin burn che distruggono una quantità predefinita o variabile, di cripto.

CAPITOLO 8

PARLIAMO DELL'APP DELTA

In questa lezione parleremo di Delta, un'applicazione per il cellulare che vi permetterà di monitorare l'andamento dei vostri investimenti in criptovalute, ma non solo.

A cosa ci serve Delta?

Serve a vedere quotidianamente come procede l'andamento delle nostre cripto: se salgono e se scendono, senza dover entrare in ciascun exchange e vedere all'interno dell'exchange qual è il prezzo attuale.

Attenzione, vi dico già che non c'è un collegamento diretto tra l'exchange e questo pseudo wallet (infatti io non ve lo consiglio).

Sono tutte transazioni che noi inseriremo manualmente per avere un resoconto aggiornato ma non in tempo reale rispetto al nostro wallet, o meglio il prezzo sarà in tempo reale ma se noi andremo ad agire sull'exchange Delta non si aggiornerà automaticamente.

Vedremo poi un'alternativa a Delta che si chiama CoinStats così da avere la possibilità di scelta tra due applicazioni gratuite.

Entrambe avranno poi la possibilità di essere upgradate con un programma pro a pagamento, non necessario.

Partiamo con Delta.

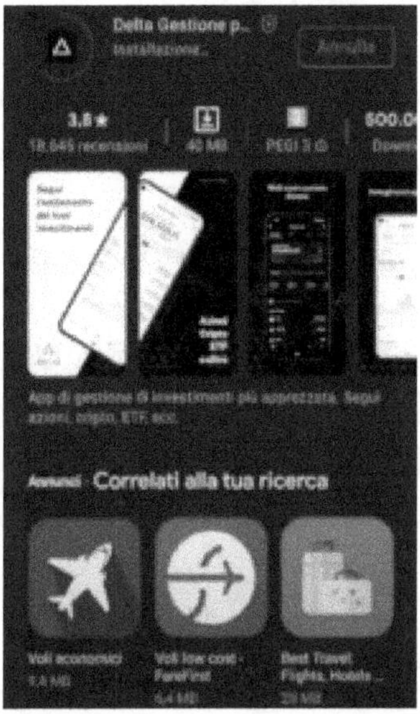

Quando voi entrerete all'interno di Delta troverete la schermata con scritto "il tuo portafoglio inizia qui".

Cliccate su "+".

Ora abbiamo detto che non dobbiamo collegare niente a niente perché non ci interessa.

La nostra priorità è la sicurezza, non di certo la comodità.

Cliccate quindi su "Aggiungi transazione manuale".

Ora cosa vogliamo aggiungere?

Criptovaluta.

Per adesso Stock, Indici, Fondi e Forex non ci interessano però non si sa mai che in un futuro, se entrerete sempre di più nel mondo degli investimenti, magari l'applicazione ci permetterà di monitorare tutto con un click.

Clicchiamo su "criptovaluta" e cerchiamo ad esempio Bitcoin.

Ora dobbiamo selezionare lo scambio, ovvero il pair.

Il pair è quello che abbiamo visto, Bitcoin dollari, però prima di selezionare lo scambio tra Bitcoin e dollari andiamo a selezionare su quale mercato lo vogliamo vedere.

Se per esempio vogliamo vederlo su Binance, lo scambio avverrà su Binance quindi vedremo il prezzo aggiornato rispetto all'exchange Binance.

Cliccate poi su “coppia di trading”.

Il mercato quindi era quello di prima, cioè Binance, e adesso siamo nella coppia BTC/USDT. Va benissimo USDT perché è ancorato al dollaro.

In questo momento il prezzo di acquisto di BTC, se lo stessimo comprando ora, è 55.000 dollari.

Ovviamente voi potete mettere il vostro prezzo di acquisto.

Ad “importo acquistato” inseriamo 1 Bitcoin.

Togliamo la spunta su “sottrai da holding in USDT” perché non abbiamo caricato una somma di USDT da cui andare a sottrarre questo importo per dire se sto facendo bene o sto facendo male le mie operazioni.

(Nella versione Pro peraltro c'è questa possibilità, cioè di monitorare l'andamento delle proprie operazioni, però non è questo il caso).

Terminate cliccando su “Aggiungi transazioni” e magicamente comparirà nel vostro portafoglio 55.000 $ che è il corrispettivo di un Bitcoin in questo momento.

C’è inoltre la possibilità di passare sulla variazione oraria, giornaliera, settimanale, mensile, annuale o da sempre (cioè dall'inizio).

Teniamo quella giornaliera.

Oggi il Bitcoin è a - 3% rispetto a ieri.

Se guardiamo sul settimanale è a -0,55%.

Sul mensile però abbiamo + 22%, quindi occhio all'aspetto psicologico di questa applicazione.

Ci saranno giorni in cui vedrete tutto rosso ma mi raccomando non andate in panico.

Non aggiornate troppo spesso questa schermata, non siate ossessivi e compulsivi.

Non dovete guardare continuamente questa applicazione perché vi può far fare delle scelte sbagliate.

Seguite sempre la vostra strategia di acquisto e di vendita.

La vostra strategia si può modificare ma non deve modificarsi quotidianamente solo per l'ansia causata dalla variazione di prezzo.

Attenzione, non dovete neanche essere avidi perché se incrementerete il vostro portafoglio del 300/400/500% forse ad un certo punto sarà anche l'ora di vendere.

Come vendere lo vedremo dopo, comunque abbiamo visto in ogni caso che ci sono delle strategie di alleggerimento anche a piccoli guadagni oppure, se siete giunti al vostro target, vendete.

Clicchiamo nuovamente su "+" e "aggiungi transazione manuale".

Vogliamo comporre un portafoglio bilanciato.

Supponiamo che abbiamo su Binance delle criptovalute, oppure le abbiamo un po' su Binance e un po' su Kraken.

In questo caso vogliamo un quadro generale della situazione senza dover entrare in tutti gli exchange e avendo sottomano uno strumento unico che ci permetta di monitorare il tutto.

Selezioniamo per esempio Ethereum, come scambio decidiamo di andare sempre su Binance per utilizzare tutto in maniera omogenea, poi clicchiamo su "coppie di trading" e anche qui facciamo ETH/USDT.

Quanto abbiamo pagato?

2.000 USDT.

Quante ne abbiamo comprato?

10.

Anche qui non selezioniamo "sottrai da holding in USDT".

Magicamente ora da €55.000 e rotti passiamo a 76.000 e rotti quindi siamo cresciuti di importo perché abbiamo acquistato 10 Ethereum.

Ripeto: non abbiamo pagato qui, ma gli ETH li avevamo già sull'exchange.

Oppure abbiamo pianificato di acquistare sull'exchange e sappiamo che le compreremo esattamente a quel prezzo e abbiamo già una proiezione futura.

Completiamo ora il portafoglio con un'altra coin.

Vi propongo Band Protocol.

Anche qui poi selezioniamo Binance e selezioniamo BAND/USDT come coppia di trading. Quanto li abbiamo pagati?

17.000.

Quante ne abbiamo comprate?

1000.

Deselezioniamo "sottrai da holding in USDT" e poi clicchiamo su "aggiungi transazione".

Nel portafoglio ora invece di 76.000 avremo 93.000.

Adesso abbiamo la rappresentazione grafica del nostro portafoglio (giornaliera, oraria, settimanale, eccetera).

Ci saranno poi anche altre opzioni che ci permettono di vedere magari delle linee che si muovono nel nostro portafoglio per capire se stiamo andando in su e in giù o come sta funzionando il nostro investimento.

Mi raccomando: fate sempre attenzione perché con questo strumento vi verrà voglia di guardare quotidianamente il vostro portafoglio, quindi datevi delle regole.

Datevi una strategia perché la strategia vince sull'emotività.

Che altre funzioni ci sono?

Oltre a poter switchare tra un portafoglio e l'altro, possiamo anche vedere che ci sono delle rappresentazioni grafiche su analitica, per esempio "divisione monete".

C'è quindi una rappresentazione grafica che ci dice quanto pesa il Bitcoin all'interno del nostro portafoglio, quanto Ethereum e quanto ciascuna moneta.

Potete anche vedere l'andamento nel tempo, vedere se magari Ethereum cresce o migliora nei confronti di Bitcoin, quindi anche se l'importo può rimanere uguale sicuramente la percentuale potrebbe cambiare.

Altra cosa importante da sapere è che cliccando sull preezzo in USD, passerete alla visualizzazione dei Bitcoin (1,49).

Ricliccando vedete Ethereum: in questo caso avreste 42 ETH se vendeste tutto.

Ovviamente in questo caso non dovreste vendere 10 ETH ma solo la parte restante del portafoglio che non è già Ethereum.

Ricliccando tornereste in dollari.

Non ci sono problemi quindi, potete ritornare alla volta visualizzazione.

Per avere la visualizzazione in dollari basta modificare andando in impostazioni.

Puoi anche verificare se le tue scelte sono state corrette o errate, basta registrarsi nel piano pro e studiare i passi.

Facciamo un esempio.

Voglio vendere 3 ETH e convertire tutto in USDT, come fare?

Clicco su "ETH", "transazioni", clicco sulla transazione che affettivamente ho effettuato e la vado a modificare.

In questo caso la modifico passando da 10 a 7 ETH.

Il prezzo è di circa 2.100 quindi il totale è sceso da a 90.700.

Rivado poi ad aggiungere cliccando su "transazione manuale".

Clicco su "criptovaluta", cerco e seleziono USDT, lascio la media globale perché è una stablecoin (è più semplice trovare uno scambio in pair), e seleziono come copia USDT/USD. Indichiamo poi che abbiamo preso per esempio 6.300 USDT dalla vendita di 3 ETH, clicchiamo su "aggiungi transazione" e magicamente torniamo al valore iniziale.

È quindi uno strumento agile, dinamico, in questo caso utilizzato un po' in maniera più macchinosa di quello che si potrebbe ma perché è inutile collegarlo a un exchange per questioni di sicurezza.

Idem no Airwallet, che siano fisici o meno, perché non ha senso secondo me di andare a rischiare con l'unico costo di dover cliccare manualmente l'importo e selezionare ciò che è stato venduto e ciò che è stato comprato.

Questo è il mio utilizzo di Delta.

Mi raccomando utilizzatelo come è necessario, cioè per aggiornare quotidianamente, settimanalmente, o come volete, il vostro portafoglio cripto.

COINSTATS: ANALIZZAIMOLA INSIEME

Ora parliamo di CoinStats, un'alternativa a Delta, un'altra applicazione gratuita che vi permetterà di monitorare i vostri investimenti.

Una volta scaricata l'applicazione, la schermata iniziale sarà costituita da un elenco di tutte le criptovalute.

Noi modifichiamo il menù a tendina e selezioniamo "all by market cap" così le ordiniamo per importanza in termini di quantità di denaro che è presente all'interno di quella criptovaluta, o meglio, che il mercato ha attribuito a quella criptovaluta in base al proprio valore.

Bitcoin oggi capitalizza circa 1,1 triliardi di dollari.

Poi abbiamo Ethereum, Binance Coin, XRP, eccetera.

Questa applicazione quindi ci dà la possibilità di vedere il prezzo in tempo reale di tutte le cripto.

Cliccando su "USD" in alto a destra passiamo a Bitcoin, oppure passiamo a Ethereum, oppure ritorniamo in dollari e se andiamo su impostazioni possiamo impostare anche altre valute.

A cosa serve questa applicazione se c'è già Delta?

Oltre a un layout diverso, anche nella parte della gestione del proprio wallet, potete anche accedere a delle informazioni diverse.

Non vi ricordate quanti Ethereum sono presenti a mercato?

Basta entrare su CoinStats.

Volete vedere quanti Bitcoin ci sono?

Entrate su CoinStats e andate su Bitcoin.

Attenzione, confrontate sempre questi valori anche con Market cap e CoinGecko perché non sempre sono affidabili, (nel 99% dei casi sì).

Se state per acquistare una cripto, tenete a mente che è il caso di confrontare più siti. Ovviamente questo è un metodo rapido e velocissimo per avere una prima overview.

Passiamo quindi alla sezione avvisi che per me è molto utile.

In alto c'è "+",proseguiamo nuovamente con "+" e come esempio mettiamo come avviso "limite di prezzo".

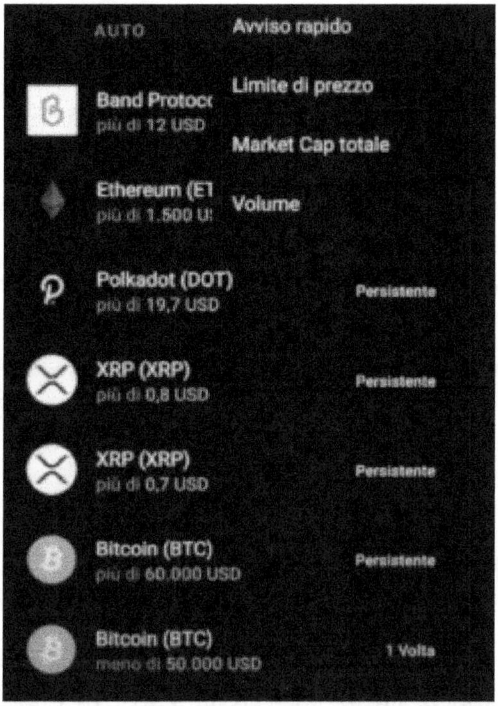

Moneta selezionata Bitcoin.

Decidiamo quante volte ci deve avvisare, per esempio selezioniamo "sempre" ogni volta che il prezzo va sopra i 60.000.

A cosa servono questi avvisi?

Possono servire in caso io voglia monitorare l'andamento di un prezzo per acquistare o vendere determinare criptovalute.

Attenzione, sempre all'aspetto psicologico, perché vi ricordo che il tutto è da legare a una strategia precisa.

Quindi non investite sui trilli degli avvisi, mi raccomando, salvo che siano avvisi ad esempio di acquistare Bitcoin sotto i $50.000, e volete un aggiornamento e andate a controllare.

Ora andiamo a creare un nuovo portafoglio.

Clicchiamo su "aggiungi nuovo portafoglio" e poi procediamo manualmente.

Come vi dicevo, non è consigliato da me collegare l'exchange o il portafoglio a CoinStats per motivi di sicurezza.

Fate tutto a mano.

Sarà più scomodo ma più sicuro.

Una volta creato il portavoglio manualmente cliccate su "aggiungi transazione" esattamente come come abbiamo visto con Delta.

Selezioniamo Bitcoin.

A "totale Bitcoin" decidiamo di comprare 1 BTC, e il prezzo è 55.129,94 USD, e completiamo la transazione.

In poco tempo abbiamo già 1 BTC nel nostro portafoglio che segna $55.129,94.

Aggiungiamo adesso i 10 ETH come abbiamo fatto con Delta.

Selezioniamo 10 ETH, il prezzo di acquisto è 2.123,06 USD, e aggiungiamo la transazione. Selezioniamo poi anche 1.000 BAND, prezzo 17.78 USD, e aggiungiamo anche questa transazione.

Abbiam replicato il medesimo portafoglio su entrambe le aplicazioni.

Abbiamo ora un portafoglio di $92.248,37.

Vogliamo ora andare a vendere 200 BAND?

Perfetto. Entriamo in BAND, clicchiamo su "disponibilità", selezioniamo il nostro portafoglio appena creato ed ecco qui i nostri 1.000 BAND.

Torniamo a 800 BAND e aggiorniamo.

Il nostro portafoglio è sceso di $3.000.

Andiamo poi su "aggiungi transazione" e cerchiamo USDT.

Totale USDT facciamo 3.000, aggiungiamo la transazione, e vediamo che torniamo sui $96.671,55.

Vedrete una linea centrale che seguirà poi l'andamento del portafoglio che ad oggi non è ancora ben delineato perché è stato appena caricato.

Ovviamente ci sono dei limiti che non possiamo superare in questa prova ma vedrete che nei prossimi giorni la linea indicherà la linea di tendenza del vostro andamento dell'investimento.

In alto a destra potete sempre modificare BTC, ETH, USD o quello che avete selezionato come controvalore per il vostro portafoglio.

Anche qui inoltre avete la possibilità di vedere un grafico a torta con il vostro portafoglio.

Ripeto, non fossilizzatevi sul rosso i giorni in cui vedrete rosso, seguite la vostra strategia e assolutamente non fate compravendite semplicemente sul colore che vedete comparire su queste applicazioni.

Quindi, mi raccomando, strategia, pianificazione e robustezza a livello mentale. Focalizzatevi sul vostro obiettivo ma comunque cambiate strada se c'è da cambiare ma solo per decisioni non emotive ma razionali.

Utilizzate il software che volete ma fatene un utilizzo corretto, quindi solo ed esclusivamente per supervisionare il vostro investimento.

Vi consiglio quindi di darvi una scadenza quotidiana, settimanale, mensile, come volete voi per monitorare l'andamento.

Ovviamente Bitcoin è un po' più lento quindi lo potete monitorare un po' di meno, le altcoin vanno monitorate un pochino di più soprattutto se come adesso la dominance è alta.

Di conseguenza è il caso poi di valutare un'eventuale uscita delle altcoin (ovviamente seguendo una strategia in cui decidete di non mantenere le altcoin).

Quindi questa applicazione è molto valida.

Valutate poi voi quale delle due utilizzare.

COME NON FARSI TRUFFARE E COME EVITARE GLI SCAM NEL MONDO CRIPTO

Che significa scam?

Lo scam è definito come un tentativo di truffa principalmente on-line pianificato con metodi di ingegneria sociale.

Questo significa che si tratta di un particolare metodo di truffa attuato principalmente su internet verso utenti che, in buona fede, non si aspettano di poter essere raggirati o quantomeno non sono preparati ad esserlo.

L'ingegneria sociale in campo informatico è lo studio del comportamento individuale di una persona al fine di carpire informazioni utili da quest'ultima.

Lo scam si basa quindi su due principi.

Per prima cosa, si avvale di strumenti tecnologici e dell'utilizzo di internet.

È una truffa 2.0 dell'era moderna, quindi basta uno smartphone o un PC connesso ad internet per cadere vittima di scam.

Seconda cosa, chi applica uno scam studia a fondo le proprie vittime e soprattutto i loro comportamenti.

In genere i comportamenti di massa, cioè quelli a cui tutti si sono omologati, e studia un metodo per sfruttare per proprio tornaconto gli errori delle proprie vittime.

Come vedete è un qualcosa di vago, un qualcosa nascosto nei meandri di internet.

Proprio per questo gli scam non sono facilmente identificabili, soprattutto se non avete esperienza e soprattutto se siete alla ricerca di soldi facili perché giustamente uno scam vi promette qualcosa che poi non mantiene.

Che cosa vi può promettere però per accaparrarsi la vostra fiducia?

Di diventare ricchi, di risolvere subito i vostri problemi e di diventare i numeri uno.

Vi faccio un esempio.

State guardando un video su YouTube del vostro canale preferito, andate nei commenti e trovate un profilo simile ma attenzione non identico a quello dello youtuber.

Questo profilo inserisce nei commenti un numero di telefono da contattare per avere un supporto o per conoscere lo youtuber stesso, cioè cerca di attirarti, cerca di farti contattare quel numero che non sempre è italiano, quindi già qui abbiamo il primo campanello di allarme se lo youtuber è italiano.

Sono sicuro che in molti hanno chiamato o scritto a questi riferimenti telefonici, salvo poi essere presi in giro o peggio aver pagato per consulenze che poi non si sono fatte con questo youtuber.

Magari ci sono persone che hanno pagato 500 dollari per un'ora di consulenza con questo youtuber, immaginando che fosse lo youtuber stesso, e invece sono rimasti fregati.

Come non farsi fregare in questo caso?

Ad esempio nei commenti, il proprietario del canale YouTube ha il nome inserito nel riquadro grigio, di conseguenza è semplice identificare quello degli scammer.

Vi do un'altra indicazione: dovete stare attenti ai gruppi Telegram che promettono facili guadagni con le criptovalute.

Ci sono ad esempio gruppi che vi promettono guadagni immediati con i cosiddetti pump and dump.

Cosa sono?

Pensate di comprare una determinata coin alle 18.00 sapendo che alle 20:00 questa coin verrà acquistata in massa da migliaia e migliaia di persone.

Il prezzo salirà quindi alle stelle, salvo poi crollare miserabilmente dopo che chi come voi ha comprato alle 18:00 a un prezzo molto più basso.

Cosa ha fatto chi ha comprato come voi alle 18?

L'ha venduto.

Se comprate alle 18.00 e sapete che alle 20:00 parte alle 20:10 vendete e avete fatto del guadagno.

Questo è un sogno, oltre che una manipolazione illegale, quantomeno nel mondo delle azioni.

State attenti quindi.

Molto spesso voi finirete per essere quelli che acquistano alle 20:00 pensando di aver acquistato alle 18.00 e quindi il prezzo a cui avrete acquistato le coin si abbasserà, non si alzerà come voi pensate, facendovi registrare delle perdite anche ingenti.

La soluzione per questo scam è semplice: dovete sognare meno e non pensare di fare soldi facili.

Dovete evitare di partecipare ai pump and dump.

Se per caso vi va bene una volta, poi può andarvi male due volte e perderete tutto quello che avete guadagnato la prima volta.

Quindi o siete in un giro veramente importante (ma lì, ripeto, è un tipo di manipolazione del mercato) oppure io ne starei alla larga.

Analizziamo un altro scam su Telegram.

Per informarvi su determinate altcoin oppure per ricevere assistenza su un exchange vi unite al relativo canale.

Spesso infatti ci sono i canali ufficiali dei team (quelli di sviluppo dell'altcoin) mediante i quali loro raccolgono i feedback, diffondono news e danno gli aggiornamenti sullo stato di avanzamento dei lavori.

Appena entrate in questi canali non è raro essere contattati da scammer che fingendosi nei modi e nei nickname degli amministratori, si mettono a vostra disposizione per qualsiasi informazione.

Vi chiedono quasi sempre, guarda caso, il seed ovvero le parole segrete del vostro wallet.

La soluzione è bloccare chiunque vi contatti, tanto non saranno mai gli amministratori a scrivervi per prima in privato (come ben segnalato in quasi tutte le chat ufficiali su Telegram).

Lo sanno che succede questo quindi lo specificano ("no PM first"), quindi se un admin vi scrive per primo è una scam.

Lo sapete già in automatico.

Ovviamente non posso proteggervi da tutti gli scam on-line perché la mente umana è veramente ingegnosa e ogni giorno produce nuovi tentativi di frode ai danni degli ignari utenti di internet.

Nessuno di noi è protetto.

Per prima cosa vi consiglio quindi di evitare tutto ciò che vi sembra troppo bello, semmai studiate confrontandovi magari con amici e solo dopo provate a capire se è possibile che il tutto sia sia reale o meno.

Attenzione, non dovete però escludere ogni cosa dalla vostra vita per paura che sia scam, semplicemente dovete studiare a fondo ciò che sembra fuori dai vostri schemi mentali e non riversare mai l'intero patrimonio su queste attività ma solo una piccola parte.

Se mi promettono che facendo questa azione guadagno e a me sembra strano me la vado a studiare, dopo averla studiata mi confronto con gli altri e se anche gli altri pensano che non sia uno scam allora ci metto l'1% del mio patrimonio, non mettete una cifra esagerata, quantomeno non all'inizio.

Alla peggio ci metterete più tempo per andare a regime ma in caso contrario avrete perso una piccola somma.

Il mio secondo consiglio è: non comunicate mai a nessuno il vostro seed o dati personali. questo è tassativo.

Chiunque vi sta chiedendo il seed è uno scammer, vi vuole fregare.

Infine, il mio ultimo consiglio è: meglio un mancato guadagno che perdere i vostri soldi.

No ai soldi facili se dovete rimetterci i soldi che avete sudato con il vostro lavoro.

Quindi, mi raccomando, non credete alle baggianate.

BREVE RIASSUNTO DISCORSO EXCHANGE

Di cosa abbiamo parlato in questo capitolo?

Abbiamo parlato della crittografia, che è il cuore della blockchain, il cuore della sicurezza delle criptovalute, perché senza sicurezza non ci sarebbe nessuna possibilità di adozione di massa.

Ricordiamoci che la blockchain potrebbe essere utilizzata anche da banche o altri enti non solo per le criptovalute ma anche per la conservazione di dati e lo stoccaggio di altre informazioni.

Siamo passati poi ai Wallet, principalmente MetaMask e TrustWallet, uno più improntato ad Ethereum, quindi su rete ERC20, e uno più affilato a Binance, quindi Binance Smart Chain e BEP20.

Collegandoci ai Wallet ci rimandiamo anche ai DEX.

Ethereum ha il suo DEX che è Uniswap e Binance Smart Chain ha PancakeSwap.

Abbiamo visto come utilizzare entrambi.

Non abbiamo visto ad esempio Polkastarter che è un DEX attualmente su rete Ethereum ma verrà un domani sviluppato su DOT.

Il progetto ancora non è partito perché la rete DOT deve andare live al 100%, o meglio, funziona per la rete DOT stessa ma i progetti correlati ancora non sono live e funzionanti. Abbiamo visto poi in parte il funzionamento di Autofarm che è un aggregatore di progetti DeFi all'interno dei quali si possono depositare coin e token per farli maturare e quindi per creare interessi passivi.

Mi raccomando, state sempre attenti ai rischi perché oltre a quelli dello smart contract ci sono anche quelli della mancanza di liquidità e tutto quello di cui abbiamo parlato nei capitoli precedenti.

Abbiamo poi parlato anche degli scam.

Gli scam sono un punto focale di questo mondo perché bisogna stare veramente attenti a ciò che succede lato truffe.

Questi sono alcuni dei concetti che abbiamo affrontato in questo capitolo e che mi auguro siano chiari.

CAPITOLO 9

ANALIZZIAMO LE PRINCIPALI ALTCOIN

Con questo capitolo voglio introdurti a un nuovo capitolo che riguarda le Altcoin.

In questo caso parleremo un po' più nel dettaglio delle singole Altcoin, nello specifico delle top 10.

Non andremo ad analizzare tutte le top 10 però faremo un focus su Ethereum, su BNB, su Cardano e su altre cripto, insomma quelle più famose, non per forza le migliori.

Sicuramente ne avrete sentito parlare di Doge Coin: vedremo che non ha una reale utilità però è comunque una cripto che sta facendo parlare molto di sé.

Vi parlerò di queste Altcoin in termini molto semplici.

Non siamo degli sviluppatori, cercherò di darvi solo dei cenni principali su quelle che sono queste cripto perché probabilmente vorrete anche acquistarle essendo quelle maggiormente capitalizzate e quindi è giusto fare qualche cenno, almeno per sapere cosa state comprando. Vi spiegherò quantomeno i concetti base.

Vedremo poi eventualmente anche un overview su quelle che sono le altre cripto, le altre Altcoin che non sono in top 10, quindi vi darò un overview del mondo Altcoin entrando nello specifico di qualche singolo nome.

Spero che questo capitolo vi serva ad avere un'infarinatura perché le sigle che andate a comprare sugli exchange racchiudono poi dietro un progetto e avere i cenni del progetto che state acquistando è fondamentale.

È importante quindi essere sempre informati su quello che state comprando, non dico dal lato sviluppatore ma quantomeno di comprendere qual è l'idea di fondo, quali sono le basi strutturali e il perché nasce quella cripto.

Non si può comprare solo progetti speculativi perché poi a lungo termine non sono investimenti ma è semplicemente una speculazione che tante volte va bene ma tante volte va male.

Per investire seriamente quindi bisogna sapere cosa state comprando.

Immaginate di comprare azioni di Apple senza sapere che cos'è Apple oppure azioni di Microsoft senza sapere cos'è Microsoft.

Non lo fareste mai.

CRIPTO NUMERO 1: ETHEREUM

Di Ethereum, ne abbiamo già parlato: è la seconda criptovaluta per capitalizzazione di mercato.

Ad oggi, la capitalizzazione ha superato i 400 miliardi di dollari quindi immaginate che cifre astronomiche.

Ha superato anche Bank of America che è una delle banche principali in America.

Vediamo qual è la storia di Ethereum.

Questa cripto nasce come pensiero nel 2013, ma poi effettivamente è stata lanciata nel 2015. L'ideatore è Vitalik Buterin ed è stato coadiuvato anche da Gavin Wood che abbiamo visto essere il personaggio dietro a DOT.

L'idea di fondo di Ethereum era diversa da quella di Bitcoin ed era quella che praticamente ha fatto poi nascere gli smart contract.

Questi permettono di interagire all'interno della rete con tutti i vantaggi della blockchain (l'immutabilità, la sicurezza e quant'altro).

Che cosa è successo nel 2015 o comunque nel periodo di lancio?

Vitalik ha fatto una raccolta fondi, ha raccolto più di 31.000 Bitcoin (con l'equivalente valore di oltre 18 milioni di dollari) ed è quindi riuscito a far partire questo progetto.

Il progetto è partito con una coin che valeva meno di $10 dollari e ad oggi vale $3.500.

C'è stata quindi un'esplosione incredibile che aveva trovato anche un picco nel 2017 sui $1.200/1.400 (a seconda dell'exchange range in cui valutiamo il prezzo di picco), e poi è sceso fino a $100 poco più di un anno fa in concomitanza con il Bear Market dovuto anche alla pandemia.

Quindi all'incirca a marzo del 2020 ha toccato gli $89/90.

Che circolante ha?

Ha 115 milioni di pezzi al momento.

Si basa su un algoritmo di proof of work come il Bitcoin e in realtà al momento si sta sviluppando il layer 2, Ethereum 2.0.

Ci sono dei limiti annuali di emissione di queste coin che arrivano massimo a 18 milioni all'anno.

Però, in ogni caso, non è così semplice da minare, quindi il prezzo è alto perché comunque non vengono minati tanti Ethereum.

Quali sono le prerogative di Ethereum 2.0?

Semplificando, i problemi di Ethereum 1.0 sono la lentezza e il costo delle transazioni, infatti la blockchain è abbastanza lenta e non permette di effettuare tutti gli smart contract in tempo reale.

Quindi le applicazioni reali vanno un po' a scemare perché anche se ci fossero pagamenti in tempo reale non si possono fare perché la rete è molto lenta.

Inoltre, immaginate di dover pagare con delle criptovalute e pagare più di fee che di bene oggetto che andate a comprare.

Quindi Ethereum cerca di velocizzarsi con lo sviluppo di Ethereum 2.0.

Questo sviluppo di Ethereum 2.0 porterà anche al layer 2.

Layer significa strato.

In pratica potrebbe essere uno strato ulteriore da aggiungere sulla blockchain più veloce dello strato 1, quello della rete attuale Ethereum.

Ci sono quindi dei progetti che sbloccheranno un secondo livello molto più veloce.

Ci saranno in ogni blocco della blockchain molte più informazioni così che quando il blocco viene poi effettivamente risolto sulla blockchain ci sono molte più operazioni compiute nello stesso momento, oltre ad essere molto più veloce.

Questa è una semplificazione estrema, ad ogni modo vedremo nel corso dei mesi come si svilupperà questo progetto.

Osservando un centralizzato come Uniswap ti rendi conto di quanto sia ostico da utilizzare un decentralizzato Ethereum perché è un po' lento e le fee sono molto alte.

Le fee si pagano in gas e comunque sono unità di misura Ethereum.

Ethereum ha come sigla ETH e ha come simbolo di valuta ε.

Ethereum è la seconda coin e probabilmente rimarrà la seconda coin anche per altri anni.

È insidiata sicuramente da BNB: vedremo successivamente cos'è, ma BNB ha colmato il gap di Ethereum, cioè la velocità di rete e il costo delle fee.

In ogni caso Ethereum è molto diffuso come ambiente di lavoro perché molti se non quasi tutti gli smartphone attualmente sono su rete Ethereum, molte dApp girano su Ethereum. Ci sono molte applicazioni nel campo degli NFT che sono nate proprio su Ethereum e quindi al momento è il numero uno.

Tra l'altro anche investitori di profilo business hanno acquistato Ethereum, insomma c'è una capitalizzazione veramente alta quindi immaginare che possa scomparire al momento non è pensabile.

Per carità, nel mondo cripto tutto può succedere perché ad esempio un Binance di turno potrebbe sfondare il muro dei problemi che ha Ethereum cioè velocità e costo delle transazioni, (cosa che ha già fatto con la Binance Smart Chain ma che vedremo prossimamente).

Questa è solamente una preview su Ethereum.

C'è qualche dato, qualche informazione.

Diciamo che il valore massimo di Ethereum è stato all'incirca del 10% del Bitcoin, quindi quando Bitcoin è arrivato sui $15.000 a dicembre 2017 Ethereum è arrivato a valere $1.400 circa.

Quindi in concomitanza con la discesa del Bitcoin, Ethereum è salito un po' e in quel momento è arrivato a valere un 10% circa del Bitcoin.

Al momento vale all'incirca il 5% del Bitcoin e qualche anno fa valeva il 2% del Bitcoin.

Molti utilizzano Ethereum anche come leva per incrementare il numero dei Bitcoin, cioè quando ETH perde di valore nei confronti di Bitcoin, vengono convertiti Bitcoin in Ethereum.

Ethereum è anche quella che in genere da via alle cosiddette Altseason, cioè le stagioni in cui Bitcoin rimane abbastanza dormiente e le altcoin prendono un sacco di valore.

Adesso (aprile 2021) siamo in un Altseason perché in questi ultimi mesi, le altcoin stanno esplodendo, mentre il Bitcoin sta veleggiando sui $58.000.

La dominance attualmente è molto bassa, (sotto il 50%), quindi oltre il 50% della capitalizzazione di tutte le criptovalute non è in Bitcoin ma è in altcoin.

Probabilmente quando la dominance tornerà a salire, quindi Bitcoin riprenderà più valore in totale (quindi tutti i Bitcoin varranno più di tutte le altcoin), Ethereum perderà terreno nei confronti di Bitcoin.

Bitcoin avrà la sua corsa verso magari i $100.000 salvo poi essere seguito da Ethereum che magari esploderà e arriverà a chissà quali cifre.

CRIPTO NUMERO 2: BNB

Abbiamo già approfondito la parte del coin burn, ma che cos'è BNB?

BNB è la coin (inizialmente era un token su rete Ethereum) creata da Binance come se fosse un'azione dell'exchange stesso.

È da considerarsi un'azione del principale exchange.

Sta andando veramente forte perché valeva pochi dollari, $6 a marzo 2020 col crollo del covid, mentre ad oggi (maggio 2021) siamo addirittura vicini hai $700.

Peraltro è anche antinflattivo perché con il coin burn i pezzi diminuiscono.

La Tokenomics dice infatti che sono 200 milioni i pezzi come supply totale, ma ci sono stati vari burn e quindi si arriverà da qui ai prossimi anni ad avere massimo 100 milioni di pezzi.

Oltre a BNB è importante parlare della Binance Chain.

Esiste la Binance Chain e la Binance Smart Chain.

La Binance Chain è stata lanciata nel 2019 ed era la prima versione di una blockchain di Binance.

Di recente poi, a fine 2020, è stata lanciata la Binance Smart Chain.

La Binance Smart Chain si poneva come obiettivo quello di risolvere i problemi di lentezza e di alte fee di Ethereum.

È stato quindi inserito questo ulteriore livello da parte di Binance e quindi oltre ad esserci la Binance Chain c'è la Binance Smart Chain, tant'è che spesso vi ho parlato di spostare le vostre criptovalute su BEP20, cioè la nuova rete di Binance.

Questa rete è veramente veloce, ha la possibilità di utilizzare gli Smart Contract ed è anche compatibile, con la rete di Ethereum.

Di conseguenza è facile programmare per Ethereum e poi spostarsi su Binance Smart Chain e molte dApp si possono facilmente utilizzare e programmare per la Binance Smart Chain. Binance quindi vuole comandare il mondo delle criptovalute e ha cercato di sfruttare quello che era il punto debole della rete Ethereum, che comunque abbiamo visto si sta adeguando a questi nuovi competitor.

Non a caso BNB adesso è la cripto che come capitalizzazione è terza in classifica.

I BNB vengono usati anche per le basse fee di Binance, quindi vengono consumati anche in questo modo.

Quando tu compri e vendi su Binance, se selezioni l'apposita spunta paghi in BNB ottenendo uno sconto sulle fee.

Come funziona la blockchain Binance Smart Chain?

Coloro che sono i validatori non ottengono nuovi BNB, perché abbiamo detto che BNB non è inflazionario (quindi quelli sono i pezzi che anzi andranno a diminuire), ma ottengono le fee che gli utilizzatori pagano.

Quindi voi pagate per spostare da A a B ed ecco che quelle fee vengono riconosciute ai validatori.

Non ci sono molti validatori.

Ovviamente per essere un validatore devi disporre di tanti BNB.

Diciamo quindi che è una rete decentralizzata ma sostanzialmente ancora controllata da Binance stessa o comunque da soggetti affini a Binance.

Come dicevamo BNB è un progetto molto interessante.

Vi consiglio però di stare molto attenti perché se andata a vedere il grafico, soprattutto su timeframe mensile, vedrete che BNB è passato negli ultimi mesi da $40 a $700.

Questo significa che in caso di dump del mercato non è impossibile tornare sui $100/150 o anche $50 stessi, quindi state molto attenti quando investite su progetti del genere perché hanno un grandissimo potenziale però è anche vero che essendo esplosi nel recente periodo molte persone hanno fatto grandi gain.

Chi ha comprato a $50, anche se dovesse vendere a $500 e non a $700 sarebbe in forte gain, quindi anche se dovessero fare una vendita presi dal panico andrebbero comunque in profitto.

Chi ha comprato a $700 effettivamente rischia di perdere in quanto non sa (se dovesse dumpare il mercato) se uscire o no a $600 o $300 e si ritroverebbe poi con un investimento molto ridotto.

Chiaramente questi non sono consigli finanziari perché BNB potrebbe tranquillamente arrivare a cifre al di sopra dei $1000, nessuno lo sa.

Sicuramente tenete d'occhio BNB, e tenete d'occhio ancor di più la Binance Smart Chain.

CRIPTO NUMERO 3: ADA

Che cos'è ADA Cardano?

Cardano è la blockchain all'interno della quale si muove la criptovaluta ADA.

Quanti ADA ci sono?

Ci sono 45 miliardi di ADA come supply totale massima

E attualmente come circolante ce ne sono oltre 30 miliardi.

Quando c'è stata la vendita iniziale ne sono stati venduti quindi più del 60%.

Questa cripto si basa sull'algoritmo Proof of Stake, quindi queste monete ADA vengono tenute in stake.

Quando è nata ADA?

È nata nel 2017 da Charles Hoskinson, uno dei fautori di Cardano.

Lui era anche uno sviluppatore Ethereum.

Abbiamo visto che DOT è nato da Gavin Wood che era uno sviluppatore Ethereum, in questo caso parliamo di Cardano che ha avuto una sorte simile.

Ma perché nasce Cardano?

Cardano nasce come un Ethereum killer, un assassino di Ethereum.

Perché?

Perché ovviamente Ethereum è una rete che abbiamo detto essere lenta, quantomeno nel primo sviluppo, e con delle fee molto alte.

Cardano ha come scopo quello di risolvere questo problema.

Come BNB direte voi ed è esattamente così.

Ci sono tanti progetti e tanti sviluppi che viaggiano in contemporanea e non si sa poi quale sarà il progetto che sarà predominante rispetto agli altri.

BNB ha, come abbiamo visto, un exchange alle spalle non indifferente, e una potenza economica infinita.

Ma torniamo a Cardano.

Perché Cardano è un Ethereum killer?

Perché dà la possibilità di utilizzare dApp esattamente come Ethereum ed esattamente come BNB.

È una rete molto più veloce di Ethereum e quindi con delle fee più basse si candida ad essere uno dei prossimi oggetti del desiderio.

Chi vuole utilizzare una blockchain dovrebbe, secondo la Cardano Foundation, utilizzare Cardano.

Una differenza rispetto ad Ethereum è che all'interno delle transazioni si potrebbero inserire dei metadati, cioè delle informazioni aggiuntive.

Ai governi potrebbe piacere questo perché si può aggiungere un dettaglio nel momento della transazione, quindi potrebbe essere personalizzata e si possono inserire delle specifiche.

Giusto per dare un'ultima overview del progetto Cardano possiamo dire che ci sono sostanzialmente tre entità/società che si occupano di questo progetto: una dello sviluppo tecnico vero e proprio, una della diffusione dell'idea di Cardano come blockchain e quindi dell'adozione della blockchain, e una invece che si occupa della parte di marketing (quindi quella che è la promozione anche a fini economici e non solo del progetto di per sé).

Cosa dirvi quindi di ADA Cardano?

Cardano è passato da pochi centesimi nel 2020 fino a oltre 1,40 dollari (aprile/maggio 2021). Ha sviluppi futuri?

Probabilmente ha delle possibilità di sviluppo nel futuro dato che è un progetto che seppur lentamente si continua ad evolvere fin dal 2017.

È open source, quindi chiunque può partecipare al suo sviluppo.

Quindi che dire, sicuramente è una coin che è in top 10 ed è un progetto serio.

Quanto poi si potrà diffondere questo lo vedremo solo nel tempo.

CRIPTO NUMERO 4: LINK

In questo capitolo vedremo cos'è ChainLink e cosa sono gli oracoli.

Ma a che cosa servono gli oracoli?

Che problema hanno risolto?

Facciamo degli esempi così da rendere tutto più chiaro, dato che non è un argomento proprio semplicissimo.

Immagina di voler comprare una criptovaluta che segue il valore dell'oro.

Tu accedi ad un sito, che può essere un exchange, un broker, quello che preferisci, e vuoi comprare una criptovaluta che replichi il valore dell'oro, il valore quindi di un asset reale.

Come fa la rete a sapere qual è il prezzo di quell'asset in tempo reale?

Non è semplice.

Come fa Binance a sapere in quel momento quanto vale l'oro?

E soprattutto, come fa la blockchain a recepire queste informazioni per lavorare sugli scambi tra privati o comunque sul compra e vendi se non sai a che prezzo devi comprare e a che prezzo devi vendere?

Vi ricordo che gli asset reali fluttuano come prezzo.

L'oro cambia il prezzo e di conseguenza non ci può essere un ritardo troppo alto nel calcolo del prezzo, l'aggiornamento deve avvenire in tempo reale.

Come fare ad aggiornare i dati on chain (quindi nella blockchain) con quelli del mondo reale quindi off chain (fuori dalla blockchain)?

Intervengono gli oracoli.

Nel 2014 ChainLink ha iniziato a sviluppare il concetto degli oracoli, in questo caso oracoli decentralizzati, cioè non controllati da nessuno nello specifico.

Nel 2017 poi ha raccolto vari milioni di dollari, solo con il progetto senza aver realizzato nulla.

Sono stati poi utilizzati questi milioni, il progetto è andato avanti velocemente e adesso ChainLink è praticamente l'oracolo numero uno.

ChainLink (sigla: LINK) ha un miliardo di pezzi massimo, la circolante al momento è di 400 milioni e non c'è un meccanismo di stacking.

Diciamo che coloro che hanno immesso il token detengono ancora 300 milioni di questo token.

Perché lo chiamiamo token?

Perché non ha una propria blockchain ma gira sulla rete Ethereum con tutti i pro e contro di Ethereum.

Che cosa fa questo ChainLink?

Abbiamo capito che dobbiamo portare i dati del mondo reale nel mondo delle criptovalute e quelli del mondo delle criptovalute di fuori perché sennò rimane tutto un mondo virtuale. Come ci sarà un'adozione di massa se poi alla fine non comunica col mondo reale?

Alla fine tutti gli utilizzi portano poi a un reale uso nel quotidiano, quindi se io voglio comprare un token dell'oro e non so il prezzo del token dell'oro (o comunque la rete non sa come varia questo prezzo) non lo potrò mai più comprare su questo exchange quindi il servizio non funzionerà.

La rete di ChainLink, per farla un po' semplice, è composta da vari nodi che mettono a disposizione i loro link e più ne hanno più possono accedere a funzionalità.

Che cosa fanno?

Questi singoli oracoli decentralizzati raccolgo delle informazioni (quindi sono delle fonti di informazioni) e le forniscono al sistema che tramite smart contract analizza queste informazioni.

Qual è il rischio?

Il rischio è quello che le informazioni siano false e qui ChainLink applica un escamotage. Prende dati da più fonti, li mixa, vede quelli che sono più ricorrenti e li ritiene come validi. Ipotizziamo di prendere delle informazioni da 10 persone: se 9 persone dicono una cosa è 1 ne dice un'altra noi prendiamo per buono quello che è stato detto dalle 9 persone.

È chiaro che quello che ha detto una cosa falsa teoricamente subisce una penalità.

Di conseguenza, come per Bitcoin tutti devono collaborare per minare un blocco perché poi prendono in proporzione una parte della reward, in questo caso è inutile falsare i dati perché poi si subiscono delle penalità.

C'è quindi un virtuosismo innescato dal sistema e dall'algoritmo di ChainLink stesso. Ovviamente ci sarebbe anche da parlare della privacy perché poi chiaramente ci sono degli esempi in cui vedremo che queste continue richieste di dati aprono poi dei dibattiti sulla privacy.

Sicuramente ChainLink nelle sue dichiarazioni d'intenti affronta il problema della privacy. Adesso non entriamo nel merito perché sostanzialmente a noi non interessa, però potremmo fare l'esempio in cui questa interrogazione di dati esterni riguardi la data di nascita di una persona.

Voi potete accedere magari a un database se avete almeno tot anni, quindi voi inserite nome e cognome che verrà poi cercato dall'oracolo all'interno di un database esterno che poi vi restituisce un risultato.

Questo comunque è un tema ancora un po' più complesso, non vale la pena affrontarlo perché a noi sostanzialmente non interessa.

Sicuramente bisogna stare attenti ai rischi perché non è impossibile "hackerare" il sistema degli oracoli e fare in modo che forniscano informazioni sbagliate.

Immaginate poi se il sistema ChainLink va KO: se va giù l'oracolo o non è disponibile in quel momento, il sito o comunque il provider che fornisce, per esempio, il servizio di scambio con l'oro non funziona e quindi non potrete poi comprare o vendere perché non si sa qual è il prezzo reale.

Peggio ancora se il prezzo è manipolato, sbagliato o non aggiornato.

Quali sono quindi i punti di forza di ChainLink?

Connette il mondo reale con il mondo virtuale della blockchain, questa è la prima cosa importante.

Recentemente c'è stato un vero e proprio boom degli oracoli perché effettivamente si intravedeva la possibilità di connettere la vita di tutte le persone con l'utilizzo della blockchain.

Tra l'altro con tutti i progetti DeFi, gli oracoli si sono sviluppati molto perché poi ci sono progetti che appunto hanno bisogno di informazioni esterne non comprese nella blockchain, quindi è necessario che qualcuno comunichi con l'esterno, riceva le informazioni e viceversa dall'interno le fornisca all'esterno.

Qual è un contro?

Sicuramente la lentezza della rete Ethereum.

Tant'è che ci sono degli oracoli alternativi, come ad esempio Band Protocol, che hanno velocizzato i calcoli e hanno fatto una propria blockchain basata in questo caso su un altro filone, (non Ethereum ma Cosmos), così da essere a tutti gli effetti più veloci di ChainLink. Come tutto però nel mondo delle criptovalute quello che conta sono marketing e partnership, quindi le partnership che ha fatto ChainLink non le ha nessuno.

Ha centinaia di partnership perché essendo stato il primo grosso oracolo tutti si servono di questo strumento per calcolare e per aggiornare i propri pezzi.

Ad esempio Snx Synthetix è una piattaforma di scambio diciamo di asset reali e utilizzano proprio ChainLink per l'aggiornamento dei pezzi.

Cosa dire quindi degli oracoli?

Ci sono stati dei periodi in cui sono esplosi.

Al momento si stanno riprendendo abbastanza bene.

LINK è passato da $30 a $50 in poche settimane quindi sicuramente faranno la loro parte anche nel futuro.

Quanto non si sa perché dipende anche dagli sviluppi proprio dei progetti come Ethereum, Cardano, eccetera, quindi le novità di sviluppo possono tagliare le gambe o spingere i progetti.

In questo caso ChainLink al momento però è solido ad al primo posto come oracolo quindi qualora effettivamente questi oracoli dovessero servire ancora nel futuro (e al momento non ci sono alternative) sicuramente sarà un ottimo progetto anche più avanti.

CRIPTO NUMERO 5: XRP

Perché parliamo di XRP?

Parliamo di XRP perché sicuramente è una delle top 10 coin e perché è arrivata alle luci della ribalta di recente a causa dello scandalo con la SEC.

SEC è quell'ente americano che vigila sui mercati finanziari americani, ma dato che l'America comanda lato finanziario, di conseguenza tutto quello che succede in America si propaga nel mondo.

Qual è stato il problema che ha portato la SEC a indagare su Ripple?

La SEC sostiene che XRP sia un'azione di Ripple, però Ripple non ha fatto tutto quello che doveva fare per quotarsi in borsa.

Di conseguenza è come se avesse fatto una quotazione non regolamentata e alla SEC non va bene.

La SEC non ha preso provvedimenti nei confronti delle criptovalute quali esempio Bitcoin ed Ethereum perché sono decentralizzate e quindi non sono in mano a qualcuno, invece XRP sostanzialmente è nelle mani di ripple.

I fondatori infatti, o quantomeno coloro che adesso rispondono a Ripple e quindi sono i proprietari, dispongono di una grande quantità di XRP e in pratica è come se si fossero quotati nella borsa delle cripto senza essersi regolamentati.

Questa è l'accusa della SEC.

Nelle prime udienze al momento Ripple ha risposto in modo da uscirne pulita, o quantomeno da uscirne a testa alta, e di conseguenza anche il prezzo XRP si è ripreso: era sceso a $0,20 mentre adesso viaggiamo su $1,65.

C'è molta aspettativa su questa cripto anche perché spesso, essendo in top 10 con un prezzo molto basso sotto il dollaro, è stata diciamo oggetto di attenzione da parte dei nuovi investitori perché potevano possedere tante criptovalute pagandole poco.

È difficile spiegare a un neofita che un conto è detenere 1 milione di Ripple su 100 miliardi di supply che ha XRP, un conto è detenere 1 Bitcoin su 21 milioni che sono presenti nel mercato (in realtà neanche 21 milioni perché molti sono andati persi).

Ma che cos'è XRP?

L'idea è nata nel 2004, ancora prima del Bitcoin, quindi capite che c'è stata un'evoluzione molto ampia nel 2012 considerando inoltre che poi con l'evoluzione del Bitcoin si è evoluta anche XRP e Ripple.

Ripple è la società che controlla XRP che è la coin.

Ma che cosa si ripromette di fare Ripple?

Analizza lato pagamenti e lato scambio di valuta.

Per quanto riguarda i pagamenti vorrebbe fare in modo che i pagamenti avvenissero in tutto il mondo in maniera istantanea grazie ovviamente alla blockchain e quindi si dà da fare su questo aspetto, ovvero per i pagamenti digitali veloci e con basse fee.

Allo stesso modo con X Rapid, che è un'altra soluzione sviluppata da Ripple, tramite la moneta XRP vuole fare in modo che si possa scambiare e trasferire denaro nel mondo anche in diverse valute.

Facciamo un esempio: Ipotizziamo che vogliamo mandare dall'Italia a Singapore €1.000. Tramite il sistema X Rapid di XRP io cosa potrei fare?

Potrei inviare €1.000, il sistema li converte in XRP, il sistema ricevente a Singapore converte XRP nella moneta locale, e di conseguenza il destinatario riceve i €1.000 passando tramite XRP, con basse fee e alta velocità di trasmissione.

Questo sistema nell'immaginario di Ripple è una cosa moderna, veloce e più comoda dei classici sistemi di trasferimento del denaro.

Come funziona XRP?

In realtà questa viene spesso definita come una moneta non propriamente di alta qualità perché alla fine non c'è un proof of work o un proof of stake, ma c'è un un algoritmo di calcolo che si basa, sulla "fiducia" tra i nodi.

Quindi è un sistema (diciamo) meno affidabile secondo i più rispetto a Bitcoin e ad altre blockchain.

Per ora non ci sono stati grossi problemi.

Devo dire che i trasferimenti all'interno della rete di XRP sono veramente veloci e quindi, si parla tanto male di XRP però nei fatti al momento funziona.

Il prezzo, tranne il momento in cui è stato oggetto della causa della SEC (che in realtà è ancora in corso), ha retto e anzi è salito.

Io personalmente vista la natura della rete non investirei in questo progetto.

Ti invito a studiare meglio tutte le parti di questo progetto di Ripple perché è veramente complesso.

Ti basti sapere che è ideato per i pagamenti e per il trasferimento di denaro ed è per questo che viene associato anche alle banche, perché potrebbe essere utile in un sistema bancario potere trasferire dollari in valuta di un'altra nazione velocemente, a patto ovviamente che la banca ci guadagni qualcosa.

Le banche adesso ci guadagnano un sacco di commissioni quindi bisogna capire che vantaggio avranno nell' utilizzare questi sistemi.

CRPTO NUMERO 6: DOGECOIN

Parliamo di Doge Coin.

Che cos'è?

Doge coin è nato come uno scherzo, come un meme, che è praticamente passato a capitalizzare miliardi di dollari.

Attualmente (inizio 2021) rappresenta addirittura la criptovaluta al numero 4 per capitalizzazione senza neanche avere un piano di sviluppo.

È nata come un gioco e un gioco è rimasta, quindi non ha un progetto di sviluppo serio dietro. La community è molto sviluppata perché è un progetto del popolo, (così lo definisce qualcuno), ma è sostanzialmente un cripto priva di qualunque utilità.

Ci sono 117 miliardi circa di pezzi in circolazione ma la supply è praticamente infinita con un'inflazione di circa 1,2% annuale.

Sostanzialmente è un proof-of-work come Bitcoin perché è una sorta di fork di Bitcoin. Diciamo che utilizza le stesse logiche di Bitcoin.

Ma quindi nella pratica che cos'è?

Non è nient'altro che una criptovaluta che ha come logo un cane simpatico.

Diciamo che è stato utilizzato solo come speculazione, per comprarlo e rivenderlo a prezzo più alto, quindi come se fosse una moda.

Tanto è stato nel 2017/2018 e tanto sta avvenendo nel 2021.

Infatti nel 2020/2021 il signor Elon Musk ha deciso di sponsorizzare questa criptovaluta sostenendo che sia la cripto del Popolo.

Ricordiamo però che è una criptovaluta priva di un progetto, tant'è che lo stesso fondatore, che appunto l'ha creata per gioco, sostiene che non ci sia uno sviluppo concreto al momento per questo progetto quindi potrebbe anche andare a finire nel dimenticatoio una volta finita la bolla speculativa.

L'unica cosa positiva su Doge Coin è che ha avuto degli sviluppi positivi per quanto riguarda delle iniziative benefiche.

Ad esempio la fondazione di Doge Coin ha costruito una diga, una raccolta d'acqua, in Kenya e ha aiutato la nazionale di bob giamaicana del 2014 a partecipare alle Olimpiadi.

Diciamo che è un progetto un po' particolare.

Che dire di Doge Coin?

State molto attenti.

Ad (inizio 2021) si vocifera che Elon Musk ne parlerà positivamente si presuppone al Saturday Night Live, uno show americano molto visto, e quindi il prezzo è salito da $0,20 a $0,60/0,65 e si prevede che possa arrivare a $1.

Ovviamente probabilmente quella cifra verrà dumpato al mercato.

Cosa significa?

Verrà fatto crollare il prezzo perché chi detiene tanti Doge Coin li venderà tutti in una volta e ci sono poche persone che detengono tanti Doge Coin quindi è veramente una situazione di alto rischio.

Ci sono stati anche degli imitatori di Dodge Coin di recente.

C'è tanto Shiba Inu, perché il cane di Dodge Coin è uno Shiba Inu, quindi hanno creato la coin Shiba Inu che ha almeno un progetto un po' più evoluto, una sorta di decentralizzato quindi per fare degli swap.

Successivamente è nato Akita Inu, quindi sempre copia della copia della copia.

Ci sono stati anche progetti un po' meno simpatici e meno fortunati come Anubi che però era un po' blasfemo e ovviamente era un progetto italiano.

A mio avviso io non comprerei mai Doge Coin.

Poi se volete rischiare la vostra riserva economica dedicata al gioco fatelo pure, però sappiate che ha già raggiunto delle cifre alte e nessuno può sapere se andrà ancora più in alto perché a quanto pare a ogni tweet di Elon Musk c'è gente che compra e c'è gente che specula.

Finché la bolla è in piedi quindi tutti sono contenti.

Chi rimarrà dentro probabilmente si farà molto male perché passerà magari da $0,70/0,80/0,90 a pochi centesimi perché pochi mesi fa, era una coin che valeva pochi centesimi.

I soldi sono i vostri però è anche giusto non sprecarli e non buttarli in progetti che non sono progetti ma semplicemente meme coin, quindi coin inutili.

COME ANALIZZARE IL VALORE DELLE ALTCOIN?

In questo capitolo cercheremo di determinare l'ipotetico valore di una criptovaluta in futuro, o meglio capire se il reale attuale valore di questa criptovaluta è valido o meno, ovvero se è sovraquotata rispetto a quello che è il mercato o se al contrario si sta sottovalutando il prezzo di questa cripto.

Ma partiamo con le dovute premesse.

Stiamo analizzando in questo esempio Bitcoin, Doge e XRP, criptovalute che abbiamo già analizzato.

Bitcoin ha una circolante di 18,7 milioni di pezzi a fronte di 21 milioni massimo di pezzi (abbiamo detto che molti sono anche andati persi).

La market cap attuale reale è di 938 miliardi circa di dollari con una market cap ipotetica di 1 trilione e 53 miliardi di dollari.

Cosa significa? Significa che se ci fossero tutti i Bitcoin in circolazione ad oggi (21 milioni di pezzi) la market cap totale con il prezzo di circa 50 mila dollari (perché c'è stato un dump) sarebbe $1.053.980.864.275.

Al contrario, al momento ci sono in circolo 18,7 milioni di pezzi e la market cap è $938.996.219.612.

Per Doge non c'è una max supply quindi non è possibile valutare una market cap ipotetica: primo campanello di allarme.

Significa che tutti i giorni vengono aggiunti dei Doge coin e non c'è una sorta di limite.

Vi dico che al momento sono circa 12,5 milioni di pezzi al giorno che vengono aggiunti.

Tutto ciò significa che per mantenere il prezzo attuale di circa 0,40/0,45 centesimi (perché dipende dal momento, se c'è stato un crollo in corso) devono continuare a entrare soldi. Entreranno soldi all'infinito su Doge?

Chi lo sa.

Al contrario vediamo che XRP ha una max supply che è di 100 miliardi di pezzi e ha 35 miliardi di pezzi circolante, $1,31 è il valore, e quindi moltiplicando 35 miliardi X 1,31 circa si arriva a 45/46 miliardi di market cap.

Capite bene che la market cap ipotetica (se tutti gli XRP fossero in circolo) è di 130 miliardi di dollari.

Sarebbe sicuramente in posizione 3 (avrebbe una capitalizzazione di circa 100 miliardi) e di conseguenza sarebbe dietro a Ethereum.

Capite il potere della circolante e della max supply?

Immaginate di aver scoperto su internet la cripto chiamata Pippo, che questa Pippo ha 100 milioni di circolante a fronte di 100 miliardi di max supply e che il valore attualmente sia $10.

Andiamo a vedere cosa succede.

La market cap attuale sarebbe calcolabile moltiplicando 100 milioni per $10 quindi 1 miliardo.

Vediamo invece la max supply, quindi 100 miliardi per 10 ovvero 1 trilione.

Cosa accade in tal caso?

Accade che Pippo arriverebbe a una marketcap simile a quella del Bitcoin.

Può Pippo valere come Bitcoin?

Prima domanda che vi dovete fare.

In genere no, ma qualora anche dovesse essere paragonabile a Bitcoin perché è la nuova cripto del futuro c'è comunque da stare attenti perché attualmente il valore non è un trilione ma è un miliardo.

Quindi cosa succede se domani questi 100 milioni diventano 100 miliardi?

Andiamo a prendere questi soldi, quindi 1 miliardo, e li andremo a dividere per 100 miliardi. Vedete già che tutto ciò non è incoraggiante, e come risultato verrebbe 0,1.

Quindi se voi aveste pagato Pippo $10 vi trovereste con $0,1 per ogni Pippo.

Capite perché si parla di un ordine di grandezza veramente importante.

Probabilmente questo è un esempio un po' esagerato, però non è neanche così impossibile. Ricordatevi che tutto nel mondo cripto è possibile.

Ma allo stesso tempo non è possibile (o meglio molto improbabile) che un'Altcoin nuova dal nulla passi a superare la capitalizzazione di Bitcoin.

Ci sono casi come DOT ad esempio che si è piazzata in quarta, quinta, sesta posizione ma già alla settima posizione parliamo di 45 miliardi contro 938 miliardi.

Capite che stiamo parlando di cifre enormi ma comunque molto inferiori a quelle del Bitcoin, (20 volte inferiori).

Questa cosa si può fare anche al contrario, si può cercare di capire quanto può valere questa Pippo un domani.

Se Pippo ha 100 miliardi di pezzi, quale può essere un suo fair value (valore equo)? Ipotizziamo che questa Pippo sfondi e vada in settima posizione, diciamo 50 miliardi di dollari come market cap ipotetica.

Sarebbe già un successo per questa cripto.

Se Pippo vale 50 miliardi di dollari come market cap ipotetica quanto vale il singolo Pippo? Varrebbe $0,50, quindi chi la sta pagando oggi $10 sta prendendo una potenziale fregatura a meno che non stia facendo un'operazione di trading sul breve periodo perché qualche influencer la sta "spingendo" e non c'è immissione di altra supply.

Cioè non viene immessa ulteriore circolante, e praticamente voi potreste fare anche dei gain perché la pagate 10 e domani va a 20.

Abbiamo detto che valeva 1 miliardo, quindi se domani dovesse valere 2 miliardi voi avreste raddoppiato il guadagno, però sapete bene che poi se incrementa la circolante sono guai. Ora ipotizziamo che la market cap sia di 50 miliardi.

È possibile che questa diventi una market cap coerente?

Una market cap di 50 miliardi andrebbe moltiplicata per 100 e quello che esce fuori è un numero spaventoso quindi non potrebbe succedere.

Se ci fossero 50 miliardi di market cap diviso per i pezzi circolanti il prezzo sarebbe di $500. Se qualcuno quindi vi dovesse dire "arriverà a 500 o 1.000" voi sapete che non è possibile perché altrimenti avremmo una market cap ipotetica di circa 5 mila trilioni.

Quindi come potete stimare il prezzo futuro di una criptovaluta?

Ipotizziamo che la miglior cripto possa diventare come Ethereum.

Ethereum al momento sta sui 400 miliardi di capitalizzazione, una cifra infinita.

La market cap ipotetica diviso il totale della max supply farebbe $4 quindi al massimo potrebbe valere $4 nello scenario migliore, cioè che scalzi anche Ethereum.

Il prezzo attuale corretto quale potrebbe essere?

La market cap attuale potrebbe essere 400 milioni di dollari.

Ci sono molti calcoli da fare, sembrerà complesso, però quello che dovete guardare sono la market cap e la market cap ipotetica.

I calcoli li avete visti, bisogna moltiplicare per il prezzo attuale o dividere per capire il prezzo ipotetico.

Dovete giocare con questi dati per definire quello che può essere il prezzo di una cripto un domani e chiedervi "ma Pippo con questa circolante, se dovesse valere $4 sarebbe al livello di Ethereum oggi?".

Diciamo che se può andare a 1 trilione di marketcap il prezzo va a $10.

Ma è possibile che vada veramente a 1 trilione?

No, quindi i $10 attuali dell'esempio iniziale sarebbero corretti se ne avessimo questa previsione, ma questa previsione attualmente è totalmente folle.

Bisognerebbe ipotizzare che Bitcoin faccia un x5, che va da 3 trilioni e questo possa andare a un quinto del Bitcoin.

Però capite che non è un investimento ma è una speculazione?

Cioè, se voi pagate Pippo $10 oggi state facendo una speculazione, dovete fare questi conti.

Quindi è possibile che ci siano delle fregature on-line?

Sicuramente, o meglio non sono fregature ma sono monete che hanno una circolante molto più bassa della max supply.

Questo porta in periodi di FOMO a un'improvvisa crescita del prezzo di alcune cripto ma non è sostenibile sul lungo periodo.

La dominance di Bitcoin va dal 35 al 90% del valore del mercato quindi, se il mercato è 2 trilioni, Bitcoin può essere almeno 600/700 miliardi e nella peggiore delle ipotesi arrivare fino a 1 triliardo.

Se una criptovaluta che voi state valutando ha una market cap massima di un importo superiore a quella di Bitcoin sapete già che è impossibile.

Quindi dovete stare attenti, fare i calcoli e studiare.

Però ricordate che la matematica non può fallire.

Ovviamente ci sono delle componenti esterne perché teoricamente un progetto potrebbe anche essere così rivoluzionario da superare Bitcoin, ma state molto attenti perché di questi progetti ancora non ne sono usciti in 10/12 anni.

In 12 anni non è ancora stato superato Bitcoin, salvo in qualche frazione di anno forse nella bull run da Ethereum, ma Ethereum sappiamo che è la coin numero due, non una sconosciuta.

MIGLIORI CRYPTO SU CUI INVESTIRE NEL DECENNIO 2020-2030

In questo momento storico molto complicato e difficile da interpretare sono in molti a chiedermi quale sia la crypto migliore su cui investire da qui agli anni a venire.

Per rispondere a questa domanda voglio analizzare una moneta che nonostante lo pseudo Bear Market che stiamo attraversando sono sicuro che da qui a 3-6 mesi avrà un prezzo molto più alto rispetto a quello attuale.

Ma vi darò anche una dritta in più su come poter mettere in stacking questa moneta, quindi come bloccarla temporaneamente per poterla moltiplicare ottenendo così 2 vantaggi:

1. Aumento del prezzo della moneta
2. Aumento del numero di monete che si possiedono

Ma andiamo dritti al topic... Vi presento il progetto **AVINOC** !

AVINOC è l'azienda che rilascia la moneta di cui sto per parlarvi e di cui porta il medesimo nome.

Come dico sempre la moneta fa parte di un ecosistema, quindi quando abbiamo una moneta che è funzionale ad un ecosistema nel corso del tempo questa avrà sicuramente delle chance di crescita molto più sicure rispetto ad una moneta che è semplicemente un Pump and Dump.

Ma quale è nello specifico la visione di **AVINOC**?

La moneta ancorata ad **AVINOC** ha l'obiettivo di rivoluzionare quello che è il mercato dell'aviazione e più nello specifico il mercato dell'aviazione privata.

Non so se hai mai provato a prenotare un volo privato in maniera seria o anche semplicemente per gioco, ma in questo momento è molto molto complicato poter prenotare un jet privato.

Questo perché ci sono mille intermediari!

Ci sono i broker, c'è l'azienda, ci sono un sacco di passaggi che rendono complesso e molto burocratico il fatto di poter prenotare un volo privato.

Quello che vuole fare **AVINOC** attraverso una blockchain e una moneta proprietaria (appunto la moneta AVINOC) è integrare la possibilità di prenotare e gestire la propria prenotazione all'interno dell'aviazione privata così come viene fatto con i voli di linea tradizionali.

Sul sito di **AVINOC** è possibile reperire il Whitepaper ovvero l'insieme dei documenti sul progetto che vi consiglio di scaricare.

E' molto ben fatto e come potrete vedere è datato 2018, quindi si tratta di un progetto che in qualche modo va avanti ed è in via di sviluppo da diverso tempo (ormai quasi 4 anni).

Il mondo dell'aviazione richiede blockchain e tokenizazzione per la prenotazione dei biglietti, la gestione degli aeroporti, per gli aerei stessi e per i programmi fedeltà.

L'applicazione che permetterà attraverso la blockchain e il token (la moneta AVINOC) di andare a prenotare e gestire quelli che sono i voli privati si chiama **VOO**.

Ma il token quindi cos'è?

E' il prodotto dell'ecosistema **AVINOC.**

Sempre sul sito di **AVINOC** è possibile reperire il codice del contratto che in questo momento è su rete **Ethereum** e lo possiamo trovare o sugli swap decentralizzati oppure su 2 exchange centralizzati.

Quindi per poter acquistare **AVINOC** possiamo copiare e incollare il codice del contratto all'interno di **UNISWAP** (decentralizzato) oppure recarci sui 2 exchange (**BKEX** e **LATOKEN**) centralizzati in cui ricercarlo direttamente.

Vediamo adesso come si pone **AVINOC** in **Coin Market Cap** che è il riferimento per tutte le cryptovalute a livello mondiale.

In questo momento (2022) il Market Cap di **AVINOC** è pari a 161 milioni ed è un Market Cap ancora relativamente basso.

Analizzando l'andamento del prezzo soprattutto nel corso degli ultimi 3 mesi, vedremo che mentre le altre monete hanno perso valore (perché seguono l'andamento di Bitcoin) **AVINOC** ha continuato ad apprezzarsi raddoppiandolo.

E' stata l'unica moneta che negli ultimi 3 mesi insieme alle stablecoins (che sono le monete stabili) ha continuato ad apprezzarsi e ha raddoppiato il suo valore nonostante la perdita di valore di Bitcoin e un ipotetico Bear Market nel quale siamo entrati.

L'altro aspetto interessante di cui vi parlavo all'inizio è che a breve partirà un programma di stacking riservato solamente ad alcune persone che sono in contatto con l'azienda, che sono all'interno dell'ecosistema per vie dirette o indirette.

Quindi c'è la possibilità a brevissimo di poter mettere in stacking **AVINOC** all'interno di un programma esclusivo a livello mondiale.

In questo modo avremo 2 vantaggi:

- Il prezzo della moneta, per tutta una serie di sviluppi e per il fatto che sono prontissimi a lanciare l'ecosistema completo, continuerà a salire perché comunque le persone continueranno a comprarla per utilizzarla all'interno dell'ecosistema.

- Si avrà la possibilità di trarre vantaggio dallo stacking, quindi bloccare momentaneamente le monete e farle crescere all'interno del programma di stacking esclusivo di **AVINOC**.

Analizziamo un nuovo progetto molto interessante all'interno del quale andare a mettere qualche soldino e che darà grandissime soddisfazioni per l'anno corrente e quelli a venire.

Questo progetto prende il nome di **FORMATION** ed è molto molto interessante così come lo è anche la moneta che viene utilizzata all'interno del suo ecosistema.

In questo momento storico siamo vicini al lancio di tutto quello che è l'ecosistema di **FORMATION** e quindi ritengo che nei prossimi mesi questa moneta (che prende il nome di **FORM**) sarà molto molto interessante.

Dal sito possiamo vedere che è possibile acquistare la moneta **FORM** su 2 exchange centralizzati (**KUCOIN**, **GATE.IO**) e 2 exchange decentralizzati (**UNISWAP**, **PANCAKESWAP**) che funzionano rispettivamente sulla rete **Ethereum** e **Binance Smart Chain**.

Fondamentalmente la novità di **FORMATION** è legata allo **Yield Farming 2.0**, quindi un modo diverso di gestire lo Yeald Farming rispetto a tutti gli altri competitor là fuori.

Nello specifico ci sono 3 versioni che sono:

1. **Racing Bull Alpha**
2. **Web3 Formation Beta**
3. **Fixed Income Gamma**

Normalmente come viene fatto lo Yeald Farming nella maniera tradizionale che viene definita 1.0?

Fondamentalmente noi mettiamo una moneta e la blocchiamo all'interno di un ecosistema.

E cosa succede?

Che il ritorno che ci viene dato è molto molto alto però di contro non c'è una crescita salutare nel corso del tempo.

Per quale motivo?

Perché spesso le monete che ci vengono date sono monete che vengono "stampate" (un po' come fanno le banche) e quindi il rapporto rischio/rendimento non è interessante.

Infatti se da un lato il guadagno è interessante, dall'altro lato la moneta, il token sottostante, tende a svalutarsi.

Quindi abbiamo dei picchi che non sono salutari per il nostro portafoglio e per il nostro investimento.

Quello che invece vuole fare **FORMATION** è creare una nuova tipologia di portafoglio in modo tale da bilanciare il rischio con l'investimento e loro definiscono tutto ciò **Smart Yeald Farming 2.0**.

Quindi siamo davanti a un modo diverso di fare il Farming dove abbiamo un rischio e un rendimento con un bilanciamento migliore.

Su **formation.fi** viene spiegato tutto il funzionamento e la cosa bella è che funziona con tutte le blockchain principali.

Loro creano delle vere e proprie strategie come gli **Hedge Fund**, quindi come fondi d'investimento.

Ci danno un **APY** (ritorno sull'investimento) interessante con la possibilità d'interesse composto automatico e dal rischio contenuto.

L'unione di questi elementi rende **FORMATION** molto molto interessante.

Come accennato in precedenza dal sito vediamo che ci sono fondamentalmente 3 strategie:

1. **Racing Bull Alpha**
2. **Web3 Formation Beta**
3. **Fixed Income Gamma**

Abbiamo un'allocazione in rete **Ethereum**, **BSC** (Binance Smart Chain) ed **Heco** che segue varie strategie in base a quelle che sono le nostre esigenze.

Recentemente è stata lanciata la prima strategia che viene definita **Alpha**.

Purtroppo come spesso accade ci sono dei ritardi nella fase embrionale di questi progetti che portano un po' di sfiducia negli stessi, quindi molti di quelli che vogliono fare soldi velocemente senza capire cosa stanno facendo vendono, e questo da a noi la possibilità di entrare ad un prezzo della moneta più vantaggioso.

Sappiamo che è una *long-run*, quindi vince chi in qualche modo ha la pazienza di credere nel progetto considerando che se abbiamo 10 progetti interessanti tra 1/2/3 anni avremo fatto molti molti soldini.

Chi holda, quindi chi tiene i token **FORM** ha una serie i vantaggi tra i quali:

- La possibilità di votare all'interno di quelle che sono le discussioni della DAO.

- Un ritorno del 50% su tutte quelle che sono le commissioni derivanti dall'exchange di FORMATION

- Una DARK POOL

Verrà introdotta anche una carta completamente decentralizzata, cosa che ci interessa moltissimo viste le restrizioni sempre maggiori da parte di banche, di exchange, ecc.

Sempre dal sito è possibile reperire i nomi dei membri del team che sono tutte persone di un certo livello.

Io consiglio di copiare il nome di ognuno di essi, incollarlo in Google per vedere un po' chi sono questi signori e capire come questi possono fare la differenza se riuniti in un progetto di questo tipo.

Al momento è possibile comprare **FORM** su rete ERC-20 (che sarebbe l'ecosistema Ethereum), oppure nella rete di **Binance Smart Chain** (BSC).

Andando a vedere come si comporta la moneta su Coin Market Cap vediamo che il Market Cap (quindi la capitalizzazione di **FORMATION**) è poco più di 2 milioni il che è molto molto basso rispetto al potenziale che ha questo progetto.

Quindi per fare un X10 vuol dire che il Market Cap deve andare a poco più di 20 milioni, cosa molto fattibile se il mercato andrà in una direzione di crescita a livello globale.

Se poi andiamo ad analizzare l'andamento del prezzo vedremo che la moneta è stata lanciata il 20 Giugno, ha avuto un picco iniziale di 40 centesimi e poi si è stabilizzata intorno ai 3-4 centesimi.

Coloro che non capiscono il mercato interpreteranno questa discesa come un dato negativo, in realtà per tutti i progetti l'andamento è sempre questo e cioè non appena esce il progetto c'è tantissima hype, tutti comprano e poi ci sono i primi che vendono.

Ma chi guadagna veramente è chi riesce a tenere la moneta nel corso del tempo.

Man mano che tutte le novità dell'ecosistema vengono lanciate, la moneta si apprezza, cresce di valore e noi facciamo tanti soldi mentre gli altri si accontenno solo di spiccioli!

Andando poi direttamente sull'app, abbiamo la possibilità di collegare il nostro wallet decentralizzato metamask o sulla rete di Etherium o su quella di Binance Smart Chain (BSC).

Nella Home ci sono le funzioni principali che verranno poi implementate man mano e da cui abbiamo la possibilità di mettere in stacking la moneta per avere un ritorno annuo del 70% e di poter creare gli LP Tokens.

Le altre funzioni presenti sull'app sono:

- **V1ALPHA**→ E' la prima delle 3 strategie di cui vi parlavo prima.

- **SWAP** → Consente di cambiare una moneta con un'altra.

- **STABLE SWAP**→ Funzione aggiuntiva è un po' più complessa rispetto alla precedente

- **FARMS**

- **POOLS**

Come puoi vedere dall'immagine io in questo momento ho 624$ (che equivalgono a 21,284.31 **FORM**) e il mio **APR** (il mio ritorno annuo in termini di **FORMATION**) è del 70%.

Quindi vuol dire chee all'incirca ogni anno riesco a raddoppiare il numero dei miei FORM.

Questo è molto interessante perché abbiamo un doppio vantaggio: La crescita della moneta (come numero) e la crescita del prezzo.

A seguire ci sono le **DARK POOLS** e anche queste verranno abilitate a breve.

Un'altra cripto interessante prende il nome di **UBIX.**

Vedremo solo gli aspetti più importanti per capire come negli anni a venire potrà avere un'esplosione del suo prezzo in modo esponenziale.

Collegandosi al sito si noterà subito che si tratta di una blockchain 3.0, quindi stiamo parlando di quell'evoluzione di internet di cui adesso tanto si parla e in cui c'è la possibilità di comunicare attraverso dei contratti che vengono definiti Smart Contracts.

UBIX è un ecosistema totalmente decentralizzato, significa che per poter funzionare non ha bisogno di intermediari come ad esempio le banche.

Dal video presente in background sul loro sito si potrà notare che stanno cavalcando il Trend del momento ovvero quello del Metaverso, cioè il poter interagire con cose, oggetti e persone in un mondo "parallelo", in un mondo virtuale.

Dal sito noteremo subito che si tratta di un ecosistema e questo ci piace molto perché normalmente i progetti con un ecosistema sono quelli che poi vengono utilizzati di più e la moneta che ne è sottostante (avendo utilità all'interno dello stesso) tende ad apprezzarsi di valore in maniera naturale e non forzosa.

Ci sono varie utilità tra le quali notiamo ad esempio:

- **UBIX. Exchange**

- **Ubikiri**, che fondamentalmente ha varie funzioni tra le quali quella di poter bloccare (quindi mettere in Staking) le monete e ottenere lo 0.10% giornaliero sul queste.

- Detenendo **UBIX** si può votare su quelle che sono le decisioni principali dell'azienda direttamente attraverso la blockchain.

Un altro aspetto molto importante, che se vogliamo è l'utilità principale che ha questo progetto, consiste nel dare la possibilità agli sviluppatori di creare la propria blockchain.

Quindi ogni sviluppatore può creare all'interno di **UBIX. network** la sua blockchain e andarla ad integrare completamente senza bisogno di intermediari.

Se ne capite un po' a livello tecnico comprenderete come questo sia un aspetto che va a cambiare i giochi in tutto quello che è l'evoluzione che sta avendo internet 3.0 e la blockchain.

Un altro aspetto interessante è legato al Team.

Quando analizziamo un progetto vogliamo sempre vedere ed analizzare chi ci sta dietro e in questo caso abbiamo un team in forte crescita composto da 17 membri per ognuno dei quali sul sito è visibile il profilo LinkedIn.

Sono tutti esperti nel campo della tecnologia, della blockchain e di internet.

Quindi è un team veramente importante che va a spingere quello che è il progetto.

Sempre sul sito è possibile vedere anche la Road Map, vale a dire gli step principali da compiere da parte dell'azienda nel 2022.

Li troviamo suddivisi in 5 macro-categorie e tutto quello che andranno a fare è suddiviso in: Q1, Q2, Q3 e Q4 che sono i quattro trimestri del 2022.

Alcune cose sono già state fatte e sono i Q1 (quindi Gennaio, Febbraio, Marzo), altre sono in corso di sviluppo.

La Road Map è molto molto importante insieme al Team e all'utilità per avere un trittico di aspetti fondamentali da analizzare quando si decide di investire in un progetto.

Di solito quando la Road Map e così fitta e ci sono così tante "cose da fare", come conseguenza ci sarà un'adozione di massa del protocollo e quindi la moneta sottostante andrà ad avere un aumento di prezzo.

Analizziamo un po' di dati e quello che potrebbe essere in un mercato in crescita l'aumento di prezzo di questa moneta:

I numeri riportati sul sito di Ubix, li confronteremo anche con quelli di Coin Market Cap che è il portale di riferimento per le crypto a livello mondiale

Ad oggi loro dichiarano un Market Cap di 10,352,128$ e le monete in circolazione sono 38,247,124,083.

I volumi di scambi nelle ultime 24 ore (quindi quanto è stata scambiata la moneta nelle ultime 24 ore) sono 30,249,144.

Il Market Cap (che è uno degli aspetti più importanti) altro non è che il valore totale in circolazione in tutti i mercati (in questo caso crypto) della moneta, quindi 10,352,128$.

Se andiamo su coinmarketcap e cerchiamo UBX Network, vedremo che loro dichiarano 12,496,586$, quindi siamo molto molto vicini al valore riportato sul sito di UBIX.

C'è sempre un po' di discrepanza ma bisogna anche capire ogni quanto viene aggiornato.

Se mi seguite da un po' saprete che il Market Cap è l'aspetto più importante da analizzare quando si vuole acquistare una moneta e 12,496,586$ lo si può definire un Market Cap piccolo, il che vuol dire che ha una diffusione veramente veramente piccola.

Per quel che riguarda l'andamento del prezzo questo non è altro che il rapporto tra il Market Cap e la Supply, quindi:

$$\frac{\text{N° persone che detengono UBIX}}{\text{Quantità di moneta circolante}}$$

Quindi il prezzo non è il valore da considerare perché è semplicemente il risultato di un'operazione matematica.

Dobbiamo andare a vedere quanto è alto o basso il Market Cap e quanta adozione può avere la moneta, e quanto può crescere.

Analizziamo il grafico reperibile sul Market Cap:

Notiamo che c'è stato un picco di $129,68 milioni l'8 Maggio 2021 seguito da uno scarico, una lateralizzazione e ad oggi siamo a un Market Cap di $12,401 milioni.

Qui abbiamo già un primo dato e cioè che se la Road Map viene in qualche modo portata avanti dal team di sviluppatori, io dico che da qui alla fine dell'anno andremo a recuperare l'exploit che è stato fatto l'8 Maggio 2021.

Quindi se da $12,377 arriviamo a $129 milioni abbiamo fatto un 10x, significa che mettendo $1000 ne facciamo $10.000.

Questo è un dato che ovviamente non ti posso dare per garantito perché ci sono mille variabili in gioco, ma è il minimo che io mi aspetto nei mesi a venire.

Sempre dal Market Cap possiamo vedere dove è acquistabile la moneta in questo momento e cioè su **Uniswap** (come decentralizzato) e **KuCoin** (che io consiglio) come exchange centralizzato.

In alternativa puoi andare direttamente su **Ubix.network** cliccare sulla voce **TRADESTAT** e dal menù a tendina selezionare **UBX on Dextools** oppure **Stake UBX on IBISTAKE.**

Seguendo i passaggi ti viene spiegato come comprare la moneta direttamente all'interno della loro blockchain e come poterla mettere in staking (quindi bloccarla) ottenendo lo 0.1% al giorno.

Un'altra cosa interessante è che si vocifera che **UBIX** sarà un po' l'evoluzione di **Phantom**, quindi ha degli aspetti simili associati a delle funzioni ibride che va vanno a completare l'ecosistema di **Phantom** che ad oggi è il numero 31 a livello mondiale come adozione della cryptovaluta con un Market Cap di oltre 5 miliardi.

Quindi capite che se noi andiamo a dividere 5 miliardi per i 12,437,198 milioni di **UBIX** andiamo a fare un 402x.

Vuol dire che mettendo $1000, se **UBIX** arrivasse a livello di *Phantom* avremmo fatto 402.020€.

Chiaramente non sono qui a farvi promesse però, vedendo anche a livello di prezzo e di andamento come si è comportato UBIX e la Road Map, io mi aspetto grandissime cose da questa moneta.

Andiamo ad analizzare quali sono le 3 crypto che sto utilizzando in questo momento (2022) in cui il mercato è un po' incerto, per cercare di sfruttare i deep che vediamo in maniera sempre più consistente nel mercato e i balzi (anche abbastanza importanti) di queste monete per fare profitti molto rapidi, (day trading o swing trading) guadagnando il più possibile.

Chi già mi segue sa che io di solito vado ad investire nelle micro cripto e nelle low cripto ma in questo particolare momento in cui ci troviamo lo faccio molto meno, preferisco piuttosto investire nelle vendite private di progetti che reputo interessanti e che verranno lanciati magari tra 1-2 mesi.

Questo perché se da una parte è vero che investire nelle micro cripto o nelle low cripto è quello che ci può far guadagnare in maniera maggiore, dall'altra c'è da considerare che sono anche le monete più rischiose nei momenti di deep del mercato, perché hanno delle cadute molto più grandi rispetto alle altre monete che magari possono essere medium, big o addirittura top cap.

Più le monete sono piccole, più si può guadagnare e più sono i rischi che bisogna conoscere.

Oltretutto, se andiamo a vedere come si riprende il mercato e come i soldi entrano al suo interno, di solito le micro cripto sono quelle che crescono di più ma sono anche quelle dove i soldi entrano in maniera più lenta, nel senso che sono le ultime dove le persone vanno a metterle i soldi.

Solitamente prima si ha un rialzo di Bitcoin, di Ethereum e di queste monete grandi, poi si va sotto a medium, low e micro cripto.

In situazioni come questa che stiamo vivendo, dove c'è molta incertezza, e considerando tutto quello che sta succedendo e che potrebbe succedere relativamente alla situazione Russia-Ucraina, non sappiamo come reagirà il mercato, ciò nonostante personalmente cerco comunque di guadagnare qualsiasi cosa succeda.

In questo momento per cercare di tirare fuori più soldi possibili sto cercando di andare a giocare con i deep che vediamo spesso dal mercato e dal Bitcoin per andare a giocare su questi balzi che si vedono praticamente in maniera ripetitiva e che abbiamo visto tantissime volte nel giro di questi mesi.

Come sempre ci sono dei momenti di panico a cui poi fanno seguito dei balzi del mercato.

Magari non sono balzi di percentuali incredibili ma sono comunque balzi che possono essere importanti per giocare con i deep.

Va da sé che niente è sicuro, tutto è un rischio, quindi se all'interno del mercato delle crypto voi non siete disposti a rischiare denaro o non avete soldi da poter rischiare, vuol dire che probabilmente questo non è il business per voi!

Considerate che comunque ci sono rischi che dovete saper gestire così come dovete saper controllare le vostre emozioni (cosa non semplice).

Perciò non aspettatevi di giocare con 100€ e fare guadagni eccezionali o guadagni che possono avere comunque un buon impatto a livello economico perché non funziona!

Ma torniamo all'argomento topic, quali sono le monete che sto utilizzando maggiormente in questo periodo e che ho utilizzato anche nell'ultimo deep che si è verificato?

Una moneta che sto utilizzando e che ogni tanto accumulo anche per il lungo periodo è **Phantasma (SOUL)**.

Si tratta di un'altra moneta che mostra segni di relativa forza e che manifesta deep e balzi in maniera continua.

Quindi quando vedo che c'è un deep del mercato invece di spaventarmi come fanno tutti, ne approfitto e lo considero come possibilità per fare guadagni abbastanza rapidi.

Phantasma nell'ultimo deep era scesa a circa 1$ ma poi si è ripresa subito passando da 1$ a 1,40$.

Quindi c'è stata una ripresa molto importante, parliamo di un balzo di quasi il 40%.

Io sono entrato su **Phantasma** e l'ho rivenduta al 30%!

Terza moneta che mostra segni di forza e che si riprende sempre molto velocemente è **Ultra (UOS)**.

Ho acquistato anche **Ultra** nell'ultimo deep del Bitcoin (quando c'è stata la notizia dell'invasione Russa in Ucraina).

Era arrivata sotto ad 1$ per poi fare un balzo andando a quasi 1,30$, quindi parliamo di un balzo di circa il 30%.

Anche in questo caso non sono stato ad aspettare molto, ma quando ho visto un 20% ho sono uscito.

Dovete capire che in base alle somme che investite, fare un 20% è un ottimo risultato soprattutto se fatto in un giorno.

Immaginate di andare ad investire 10.000€, un balzo del 20% vuol dire che in un giorno magari avete fatto 2000€ solo facendo questa cosa!

Un'altra moneta è **Vulcan Forged PYR** anch'essa caratterizzata da deep e balzi e quindi anch'essa ottima per fare swing trading.

A questa aggiungo anche **Fantom** che negli ultimi mesi è stata veramente una di quelle monete fantastiche per fare swing trading perché faceva dei deep e dei balzi del 20% in maniera molto rapida.

Naturalmente io vi ho portato solo alcuni esempi ma in realtà ci sono molte altre monete con cui si può giocare in questa maniera quali: **Decentraland, The Sandbox, Gala**. Sono tutte monete che hanno dei balzi molto importanti ma vi ripeto...per fare questo gioco non utilizzo le monete più piccole perché sono più rischiose mentre queste lo sono meno e sono quelle dove si vedono i primi balzi.

Poi ci sono anche monete piccole che hanno balzi importanti e si riprendono in maniera semplice, però sono un po' più rischiose

Quindi queste erano le monete che utilizzo in maniera più importante per fare swing trading.

Analizziamo ora 3 monete piccoline che hanno un Market Cap molto basso da tenere sotto controllo in questo momento per fare dei profitti notevoli (e vi spiego anche perché).

La prima crypto di cui andiamo a parlare è **Ninneko**, un progetto interessante sulla bocca di un bel po' di persone.

Ma perché è interessante guardarla oggi?

Se diamo uno sguardo all'andamento del mercato attuale **Ninneko** risulta in rosso, era arrivata addirittura a 0,12$ per poi fare subito una bella ripresa salendo a 0,15$.

Perché è successa questa cosa?

Perchè c'è stato questo dump importante e sono stati rilasciati i token?

E' importante avere queste informazioni e seguire queste notizie perché quando si verificano eventi di questo tipo il prezzo di un progetto si abbassa, quindi, che siate dentro il progetto o che vi vogliate entrare è importante conoscere questi dati.

Molti sono andati a vendere con conseguente abbassamento del prezzo che però ha poi avuto subito una ripresa.

Ora quello che voglio dirvi non è che dovete necessariamente entrare in **Ninneko** ma che dovete tenerlo in considerazione in questo momento perché sono stati rilasciati i token.

Ninneko è un progetto interessante, io personalmente non vi sono dentro in questo momento, non ho niente in **Ninneko** ma l' ho avuto in passato.

Ero entrato più o meno a 0,06$, ho rivenduto a poco più di 0,20$, perciò ho visto un bel profitto e sono uscito.

Devo essere sincero e vi dico che personalmente io non ci ho mai giocato però ho parlato con persone che lo hanno fatto (perché è uscita la versione Alpha quindi è un momento veramente di grande entusiasmo per **Ninneko**) e mi hanno che si tratta di un gioco molto addictive, che tiene veramente le persone incollate allo schermo.

Io l'ho detto spesso e lo ribadisco ancora una volta... è importante andare a investire in quei progetti che possono piacere alle persone, è questo che fa la differenza!

Se noi andiamo investire in un gioco è importante che il gioco sia fatto bene.

Se entrate in **Ninneko**, però, non vi dico che dovete tenere questo progetto per la vita, vi sto dicendo che potrebbe essere una buona occasione (non so quello che succederà domani, non so se il prezzo salirà o si abbasserà) da tenere comunque in considerazione perché ci potrebbero essere ancora persone che non hanno venduto i loro token del vesting.

Quindi controllatelo perché è un progetto comunque molto hot in questo momento, un progetto con un Market Cap bassissimo che offre opportunità per fare dei buoni profitti in un arco di tempo non troppo lungo.

Il secondo progetto che vi consiglio di controllare è **Bit Hotel**.

In passato ho parlato con il team, ho interagito all'interno del loro gruppo, ho capito le idee che hanno ed è un progetto dal mio punto di vista molto interessante.

Il Coin Market Cap ci dice che **Bit Hotel** ha un Market CAP di 1,752.000$ (non so se sia vero ma anche se non lo fosso parliamo di poco più).

Questa è davvero una micro cripto come **Ninneko**, quindi parliamo addirittura non di low cap ma di micro cap.

Percciò state attenti e tenete sott'occhio **Bit Hotel** perché ha una volatilità molto alta.

Altra moneta è **Bit Hotel,** un progetto che si è spirato ad **Habbo**, un gioco già molto conosciuto che non è all'interno del mondo delle crypto ma ha un bacino di utenza di 5 milioni di persone attive giornalmente su 150 paesi!

Per fare un paragone il gioco in questo momento più grande nel mondo delle crypto, quello più giocato (che è **Axie Infinity**) ha solamente 500 mila giocatori su stati.

Quindi **Habbo** è molto più grande (anche perché non è nel mondo delle crypto) e capite la potenzialità che può avere **Bit Hotel.**

Bit Hotel riprende quello che ha fatto **Habbo**, lo porta all'interno del mondo delle crypto coinvolgendo tutte le persone nostalgiche del passato.

Il terzo progetto che vi consiglio di controllare nei giorni a venire (forse anche il progetto migliore fra tutti quanti) è **Affyn**.

Al momento **Affyn** ha un prezzo abbastanza elevato, ci troviamo a 1,26$.

Nel 2022 verranno rilasciati i token, questo vuol dire che il prezzo si abbasserà come è successo a **Ninneko**.

Perché **Ninneko** ha avuto il dump?

Perché le persone sono andate a vendere i loro token e questo succederà probabilmente anche per **Affyn** fra pochi giorni.

Se andiamo a vedere il grafico di **Affyn** notiamo che è veramente molto healthy, molto salutare, ed ha veramente un bel grafico.

Quindi in questo momento il trading è veramente ottimo per quanto riguarda **Affyn.**

Il progetto ha un grande hype, un grande futuro dal mio punto di vista.

Quindi se volete entrare all'interno di **Affyn** ritengo sia interessante controllarlo perché il prezzo a breve si potrebbe abbassare.

Affyn è un progetto dove sono super bullish per il futuro e non nel breve periodo perché non è uno dei soliti progetti pump and dump, non parliamo di shitcoins.

Affyn è una delle mie più grandi scommesse ed è un progetto di un altro livello, parliamo veramente di qualcosa di superiore che si rifà a **Pokémon Go** ma migliorato.

Il futuro è splendente per **Affyn** e dal mio punto di vista nel breve ci sarà un dump, quindi vedremo un prezzo che calerà e quello sarà proprio il momento buono per entrarvi.

RENDITA PASSIVA CON LE CRYPTO

Parliamo di un primo metodo per ottenere una rendita totalmente passiva, automatica, ricorrente e molto molto semplice utilizzando le cryptovalute.

Ma prima di procedere voglio fare un piccolo disclaimer iniziale perché molto spesso le cryptovalute vengono associate al rischio, alla volatilità (quindi aumento e diminuzione del prezzo molto rapidi), alla complessità, a cose tecniche, truffe, scam e chi più ne ha più ne metta.

Questo in parte è vero, anche io vedo tanta "fuffa", tante chiacchiere, tanto fumo, tanti termini complicati, tanti grafici e poi alla fine strumenti pratici non ce ne sono.

Ed ecco perché oggi sono qui per darti invece un approccio semplice, pratico, profittevole e a rischio praticamente zero per poter mettere a reddito il tuo denaro (che sia tanto o che sia poco non importa) utilizzando le cryptovalute che sono semplicemente uno dei tanti strumenti che ci sono per ottenere quelle che io chiamo Entrate Passive, ovvero del denaro slegato dal tempo necessario per produrlo.

Ma andiamo dritti al punto e parliamo di **NEXO**.

Oggi ti voglio condivide il mio portafoglio **NEXO** e la mia strategia con **NEXO** per l'anno corrente e quelli anni a venire.

NEXO fondamentalmente è come se fosse una banca, solo che non gestisce valute tradizionali dette anche valute Fiat (euro, dollaro, sterlina, ecc.), o comunque le gestisce in maniera secondaria, ma permette di acquistare e detenere cryptovalute per poi poter avere 2 vantaggi.

Uno di questi vantaggi è poter ottenere un interesse annuale che viene pagato giornalmente e che arriva fino a un 20% annuale.

Se non voglio una particolare volatilità (considerando che le cryptovalute principali ne hanno molta, quindi un prezzo che oscilla molto) posso semplicemente depositare del denaro come bonifico bancario (ipotizziamo 1000€) e con questo acquisto una cryptovaluta che viene definita stablecoin perché ha un prezzo stabile legato al valore del dollaro americano.

Solo detenendo questa cryptovaluta, posso ottenere un interesse che poi, da caso a caso, può arrivare fino al 20% all'anno.

Quindi questi 1000€ messi in banca, mi danno zero, messi all'interno di **NEXO** e convertiti in una stablecoin mi danno fino al 20%, quindi mi potrebbero dare fino a 200€ (tanto o poco non importa) però con l'interesse composto.

Quindi i soldi rimanendo lì ed essendo pagati giornalmente, ogni giorno vedranno pagato l'interesse sull'interesse, sull'interesse, sull'interesse.

L'aspetto importante di questa azienda è che è come se fosse una banca ma priva di tutti quei problemi che sono propri delle banche.

Parliamo di un'azienda molto molto sicura con oltre 12 miliardi di assets gestiti, con + di 3,5 milioni di utenti a livello mondiale e che è stata certificata in più di 200 giurisdizioni, cioè in più di 200 paesi.

Altro aspetto interessanti da evidenziare è che ci sono fino a 375 milioni di assicurazione sul capitale.

Recandosi sul loro sito è possibile visionare tutti quelli che sono i loro partners, tutte quelle che sono le certificazioni ottenute a livello legale e finanziario per poter operare sia negli Stati Uniti che negli altri paesi, tutti i dati dell'azienda che ripeto essere molto molto sicura.

Uno dei vantaggi principali di **NEXO** è ottenere l'interesse per il fatto che depositiamo i nostri soldi.

E come mai otteniamo questo interesse?

Perché qualcun altro (che potremmo essere anche noi) può prendere in prestito del denaro.

Quindi anziché andare in banca e farsi dare i soldi dalla banca è **NEXO** stessa che ci dà del capitale che poi possiamo utilizzare.

In che modo avviene tutto ciò?

Collateralizzando!

Ovvero tenendo a garanzia quello che noi abbiamo depositato.

So che può sembrare complicato (soprattutto se sei alle prime armi) però non spaventarti di questa cosa perché il mio obiettivo non è spaventarti con termini complicati ma è darti una mano e accompagnarti in un mondo che può sembrare complesso ma utilizzando delle tattiche, delle strategie semplici queste possono permettere di dare la svolta alla vita.

Tramite **NEXO** vediamo che possiamo prendere in prestito denaro o stablecoins oppure possiamo fare landing, quindi mettere il nostro denaro e ottenere una percentuale.

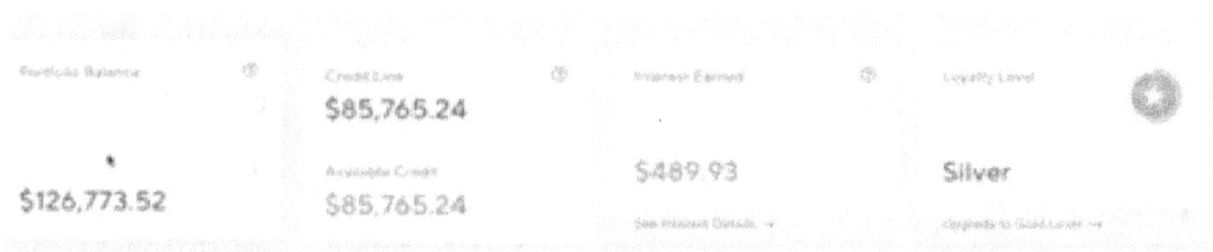

Questo è il mio portafoglio, quindi in questo momento ho un portafoglio all'interno di questo account di 126,773.52$.

La mia linea di credito è 85,765.24$, quindi se io volessi prendere dei soldi "in prestito" potrei bloccare le mie cryptovalute ottenendo fino a 85,765.24$ di prestito.

In questo momento ho ottenuto 489,93€ di interessi, quindi questo è quello che ho guadagnato.

Quindi 489,93€ è quello che ho guadagnato in 3-4 settimane e Silver è il mio Loyalty Level.

Senza scendere troppo nei tecnicismi voglio farti capire un po' quello che è il concetto:

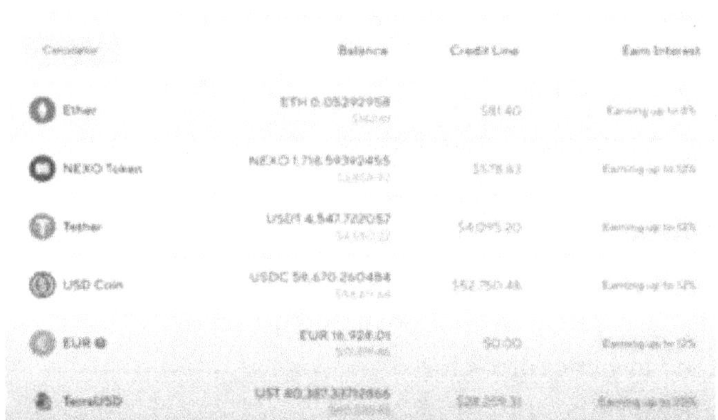

Io in questo momento ho all'interno di questo account 162$ dollari in **Ethereum**, 3,858$ in **NEXO Token** (che è la moneta proprietaria dell'ecosistema), poi ho 4,550$ in **Tether** che equivalgono a 4,547 **USDT** (questa è una delle stablecoins di cui ti parlavo prima, quindi una moneta virtuale, una moneta crypto legata in maniera legale al prezzo del dollaro).

1 USDT equivale a 1$, poi c'è un'oscillazione minima (può essere 0.999, 1.001, 1.002) però il prezzo è sempre lì.

Poi abbiamo **USD Coin** che è un'altra stablecoin dove ho 58,611$.

Quindi in questo momento di mercato incerto cos'è che ho fatto?

Ho convertito le cripto che avevo qui prendendo i profitti, e gli stessi profitti li ho convertiti in stablecoins per vedere cosa succede nel mercato.

Sugli euro guadagno fino al 12% all'anno (solamente che questa cifra è vincolata 3 mesi), ho un 12% su **USD Coin**, un 12% su **Tether.**

Poi ho **Ethereum** e **NEXO Token** che invece sono le 2 cripto che non sono stabili ma che oscillano e dove guadagno rispettivamente l'8% e il 12%.

Quando vedrò anche con gli analisti che il mercato avrà una fase rialzista, andrò a vendere una parte di queste stablecoins, ed andrò ad acquistare cryptovalute.

Poi ad esempio se comprerò Bitcoin (per fare un esempio con la crypto più conosciuta) potrò tenere Bitcoin come collaterale (quindi tenerlo a garanzia) e poi con quei soldi prendere in prestito degli altri soldi da investire in altri assets per generare del nuovo denaro.

Quindi l'aspetto interessante come sempre non è la parte tecnica, ma è la strategia!

Vale a dire:

- Come comincio?
- Come faccio tutti i vari passaggi per essere sicuro di non essere "scammato" e di non perdere soldi?
- Come gestisco la parte fiscale?
- Come gestisco la diversificazione?
- Quando prelevo?
- Quando faccio l'interesse composto?
- Quando faccio in modo che gli interessi si sommino al capitale?
- Quando ritiro dove metto i soldi?

Se poi andiamo sulle notifiche vediamo che:

Ad esempio ieri ho guadagnato 3,67€ sul deposito vincolato di 3 mesi sugli euro, 0.00 ecc. su **Etherium**, 0.98 **USDT**, poi 12.74 su **USDC**, 15.46 su **UST** e così via.

Perché?

Perché ogni giorno si guadagna il profitto sul capitale + il profitto.

Quindi ogni giorno aumenta il capitale e ogni giorno aumenta il profitto, è un interesse composto automatico.

Facendo bene i calcoli in realtà si otterrà più del 20% all'anno, più del 12% ecc.

Un concetto importantissimo è la **diversificazione**.

Noi non vogliamo mettere tutte le uova in un unico paniere!

No! Noi vogliamo diversificare.

In questo modo sacrifico un po' di profitto però sono diversificato.

Sempre sull'account di **NEXO** è a nostra disposizione un calcolatore interessante dove posso vedere sia quanto posso prendere in prestito che quanto interesse posso guadagnare in base a quelle che sono le crypto, sia che siano o meno crypto tradizionali.

Ad esempio se hai dei Bitcoin, se hai delle frazioni di Bitcoin puoi metterle in stacking e il Bitcoin ti viene pagato fino al 5% all'anno, quindi in 10 anni hai l'aumento del prezzo di Bitcoin + il 5% all'anno con l'interesse composto.

Di base significa generare interesse sul capitale che a sua volta viene sommato.

Se ho 1000 sommo il 5% ed ho 1.050 su cui guadagno altro 5% + altro 5%.

Quindi si somma sempre l'interesse con il capitale e creo l'effetto "*palla di neve*".

Prova a pensare... Se tieni dei Bitcoin e delle altre crypto che vuoi tenere nel lungo periodo, oltre all'aumento di prezzo hai anche un 5% annuo.

Pensa in 10 anni di quanti soldi stiamo parlando!

Quindi questa cosa è molto molto interessante.

Tornando alla mia strategia io adesso tengo stablecoins e mi prendo queste percentuali a rischio zero, quando vedo che il mercato sta per salire io lo seguo, acquisto delle crypto che secondo me sono interessanti, poi le blocco per prendere in prestito degli altri soldi da investire in un'altra parte per generare quello che viene definito un "circolo virtuoso di denaro", di entrate passive automatiche ricorrenti.

CONCLUSIONI

Bene, abbiamo visto le principali criptovalute e qualche altro spunto interessante.

Molto importante assolutamente è il calcolo della market cap, la market cap ipotetica, e tutto quello che riguarda la tokenomics nel mondo cripto, quindi sapere quanti pezzi ci sono, quanti pezzi massimo ci potrebbero essere di un determinato token o di una coin. Ovviamente poi nel white paper, quindi la dichiarazione di intenti, troverete per ogni singola cripto (probabilmente in inglese) tutti i dettagli del rilascio dei token e del funzionamento della blockchain o eventualmente del funzionamento dell'algoritmo della specifica criptovaluta.

Quindi se avete un progetto da analizzare, oltre ad analizzare quello che vi ho fatto spiegato (market cap, eccetera), potete andare sui relativi siti internet delle cripto per trovare il white paper.

Lì troverete le indicazioni sul perché è stata fatta quella criptovaluta, che scopo si dà, quale problema vuole risolvere e come lo vuole risolvere.

Ricordatevi che i white paper possono essere talvolta aggiornati (proprio quello di BNB è stato aggiornato) quindi state attenti perché questo mondo è in evoluzione.

È chiaro che in un mondo così dinamico, in un periodo di bull run, tutto può cambiare da un giorno con l'altro.

Ripeto, le informazioni principali di Ethereum le abbiamo viste e sappiamo che lì per esempio ci saranno nuovi rilasci, abbiamo visto Link, abbiamo visto Doge che ancora ad oggi (maggio 2021) Elon Musk un po' denigra e un po' spinge (adesso addirittura negli ultimi giorni lo vorrebbe sostituire al Bitcoin perché pare che inquini meno), quindi ci sono veramente delle evoluzioni quotidiane che bisogna studiare.

L'importante però è avere un quadro della situazione.

Dovete sapere cosa state comprando.

Anche Cardano ad esempio è un progetto importante, quanto lo sia lo vedremo nel tempo. L'importante è che abbiate capito la logica di queste Altcoin principali.

Mi raccomando, quando avete davanti una criptovaluta provate sempre a calcolare se le previsioni di prezzo che vi fanno amici e conoscenti sono coerenti con la realtà.

Se non sono coerenti con la realtà drizzate le antenne e state molto attenti dove investire, o quantomeno rivedrete i vostri target in funzione di calcoli matematici perché i calcoli matematici sbagliano molto meno che le proprie convinzioni.

Non bisogna avere proprie convinzioni, ma bisogna affidarsi ai calcoli matematici perché abbiamo detto che l'aspetto psicologico può dare fregature.

Le Altcoin quindi sono belle, è un mondo incredibile, si possono fare tanti soldi ma usiamo la testa, usiamo i calcoli matematici, usiamo la razionalità.

Se sappiamo che stiamo scommettendo su qualche progetto possiamo anche lasciarlo lì mesi cercando di capire se poi esplode e ci fa diventare milionari.

L'importante è che voi sappiate che quei soldi sono persi perché c'è il rischio exchange, il rischio della cripto oppure il rischio, nel caso li abbiate sul wallet, di perdere la password. Sappiate quindi che ci sono dei calcoli da fare e non è solo pura emotività.

I calcoli servono a supporto di quello che possono essere le nostre convinzioni in caso di scommessa.

Certo, le cripto che abbiamo visto noi (cioè le principali dieci) sicuramente sono meno scommesse di quelle micro, però in ogni caso sappiate che anche le top possono "fallire" nel loro intento perché molte top del 2017 non sono più top nel 2021 quindi fate molta attenzione.

Qualche top la spunterà sulle altre.

Noi abbiamo analizzato DOT perché abbiamo visto la narrativa di DOT però DOT ad oggi non è ancora sbocciata: potrebbe sbocciare e andare a superare Ethereum, così come potrebbe e finire nel dimenticatoio.

Noi non sappiamo quali sono gli sviluppi futuri.

Sappiamo che il futuro non lo conosce nessuno, neanche Elon Musk.

www.ingramcontent.com/pod-product-compliance
Lightning Source LLC
LaVergne TN
LVHW010929051026
849532LV00003B/912
* 9 7 9 8 2 1 5 4 4 8 8 6 1 *